LA COUR

D'UN

PRINCE RÉGNANT,

OU

LES DEUX MAITRESSES;

PAR

LE BARON DE LAMOTHE-LANGON,

AUTEUR

DE M. LE PRÉFET, DE L'ESPION DE POLICE, etc.

> Le reproche en un sens le plus honorable que l'on puisse faire à un homme, c'est de lui dire qu'il ne suit pas la cour; il n'y a sorte de vertus qu'on ne rassemble en lui par ce seul mot.
>
> La Bruyère.

TOME TROISIÈME.

Deuxième Édition.

PARIS,

AMBROISE DUPONT ET Cie., LIBRAIRES,

RUE VIVIENNE, No. 16.

1827.

’Auteur de cet Ouvrage méritant d’être connu, et sa naissance, qui le rapprochait du duc de Guise, par lequel il a été traité d’une manière si peu convenable, tenant en quelque sorte à son histoire, on a cru devoir la reproduire ici en extrait et d’après celle qui vient d’être imprimée dans le sixième volume de l’Histoire généalogique et héraldique des Pairs de France, des Grands Dignitaires de la Couronne, des principales Familles nobles du royaume, et des maisons princières de l’Europe, par M. le chevalier de Courcelles.

DE RAIMOND-MODÈNE,

Seigneurs de MODÈNE, de CRILLON, d’URBAN, de la VISCLEDE, de MONTPEZAT, barons d’AUBENAS, comtes de MONTLAUR, marquis de MAUBEC, seigneurs, *puis* comtes de POMEROLS, barons, *puis* comtes *et* marquis de MODÈNE, *au comté Vénaissin.*

LA COUR

D'UN

PRINCE RÉGNANT,

OU

LES DEUX MAITRESSES.

III.

PARIS. — IMPRIMERIE DE FAIN,
Rue Racine, n°. 4, Place de l'Odéon.

LA COUR

D'UN

PRINCE RÉGNANT,

OU

LES DEUX MAITRESSES;

PAR

E. L. B. DE LAMOTHE-LANGON,

AUTEUR DE MONSIEUR LE PRÉFET, DE L'ESPION DE POLICE, etc.

Le reproche en un sens le plus honorable que l'on puisse faire à un homme, c'est de lui dire qu'il ne suit pas la cour; il n'y a sorte de vertus qu'on ne rassemble en lui par ce seul mot.

LA BRUYÈRE.

TOME TROISIÈME.

Deuxième Édition.

PARIS.

AMBROISE DUPONT ET Cie., LIBRAIRES,

RUE VIVIENNE, No. 16.

1827.

LA COUR

D'UN

PRINCE RÉGNANT.

CHAPITRE XXVII.

Doli non doli sunt, nisi astu colas.

PLAUTE, *Les Captifs*, acte II, sc. I.

Une ruse manque son effet si on ne
la conduit pas avec finesse.

La comtesse de Sebendal, tout occupée à faire valoir sa nièce, n'avait pas perdu de vue le Prince et son confident; elle avait vu l'effet rapide et complet que la Fille d'honneur avait produit sur le maître, elle ne douta point qu'il n'eût passé dans la pièce voisine pour s'entretenir d'elle plus à son aise ; la Comtesse attendait avec inquiétude le résultat de cette conversation ; elle avait déjà la certitude que le chambellan était amoureux de l'orpheline ; aussi craignit-elle qu'abusant de son influence sur le Prince, il ne cherchât à détourner la passion que Louise avait peut-être allumée. Ce fut avec un dépit extrême, lorsque les deux amis eurent fini leur confidence et repassé au lieu où était l'assemblée, qu'elle vit le Prince se rapprocher de la Marquise, et entreprendre avec elle une conversation tellement animée, que la Comtesse y remarqua de l'affectation. Elle fut un peu consolée par la venue du grand-échanson, le baron de Blomenthal, qui s'empressa de faire ses amitiés à Louise.

« Chère cousine, lui dit-il, vous ne me connaissez point, et cependant je suis l'un de vos parens les plus proches ; on m'a même nommé votre tuteur, et, sans ma profonde certitude de l'attachement que vous inspiriez au comte d'Altorn, je me serais fait une joie de vous emmener dans ma terre et de soigner votre éducation. Au reste, je puis réparer ce que je n'ai point fait, et dorénavant je reprends sur vous les droits que je n'ai jamais dû perdre. »

Louise, malgré son excessive bonté, ne put témoigner à son indigne parent que sa présence lui était agréable : elle se rappelait l'abandon dans lequel il l'avait délaissée, et tant d'années écoulées sans que cet homme, tout à coup devenu si tendre, eût songé si elle existait, si elle était heureuse ou souffrante. Le grand-échanson devina une partie de ce que pensait sa pupille, et il s'empressa d'autant plus auprès d'elle, qu'il pouvait avoir des torts à réparer. Toute la cour, ce soir, ne s'occupa que de la seule Louise; la princesse Amélie la traita avec une bonté particulière; deux choses l'y engageaient principalement, d'abord le désir d'être agréable à sa dame d'honneur, et puis l'envie de déplaire à la Marquise. On savait qu'elle ne pouvait souffrir l'apparition d'une jeune personne qui pût lui disputer la palme de la beauté.

Charles parut fort tard au cercle ; une affaire de service l'avait retenu à la suite de la chasse, et il n'eut pas la douleur de voir combien Louise intéressait le Prince. Schullestein n'était arrivé qu'après la conversation d'Henri avec Ernest, et la résolution prise par le premier de ne pas s'occuper de la Fille d'honneur de la Princesse. Mais le sentiment qui naissait dans son cœur ne lui laissa pas long-temps le pouvoir de tenir sa promesse. Il regarda d'abord à la dérobée mademoiselle d'Hertal, et fut surpris de la trouver encore plus belle ; peu à peu il s'enivra du plaisir de la voir, et ses regards annoncèrent à Mansdorf que le triomphe qu'il espérait remporter ne serait qu'éphémère. Il reconnut que, pour combattre le penchant du Prince, il avait besoin d'un puissant auxiliaire, et il crut faire un coup de maître en avertissant la Marquise. Il se flattait avec son secours de gouverner encore une âme impétueuse et qui ne voulait plus se laisser dominer. Lorsque Fiorina se retira, il lui demanda si elle ne voulait pas lui accorder une audience dans la journée du lendemain.

« Non, lui répondit-elle sèchement, je ne puis vous recevoir ; un soin plus important m'occupe, je n'ai pas le temps de vous entendre me raconter les mille et une beautés de la merveille de la soirée. » — « Je vois, dit-il d'un ton humble, que vous avez pris de l'humeur mal à propos : je ne suis pas coupable autant que je puis le paraître, et je n'ai pas négligé de travailler dans vos intérêts. » — « Je dois en effet en reconnaître la preuve dans les regards perpétuels d'admiration que vous lanciez sur cette nouvelle venue, qui, je vous en avertis, n'est pas aussi belle que vous paraissez le croire. »

— « Cela peut être, Madame, mais il ne s'agit pas de discuter ce point. Tandis que vos yeux s'attachaient à suivre les miens, ils ont oublié leur véritable rôle, celui d'interroger le cœur du Prince, et je vous déclare qu'il est prêt à vous échapper. » — « Comte de Mansdorf, vous en agissez mal avec vos amis, vous leur prêtez votre inconstance. » — « Au nom de Dieu, Madame ! ne vous amusez pas à me quereller ; la chose est plus sérieuse que vous pouvez le croire : le Prince est frappé des charmes de mademoiselle d'Hertal, et il ne m'a emmené dans le cabinet, que pour me prier de parler à cette jeune personne, et de lui faire connaître le pouvoir qu'elle aurait la facilité de prendre sur son souverain. Si vous ne pensez point que ce puisse être une chose importante, je ne vous en entretiendrai plus, et vous ne saurez les progrès de votre nouvelle rivale, que lorsqu'il ne sera plus temps de vous y opposer. »

— « A la vivacité que vous mettez à me le dire, je devrais imaginer que mes intérêts vous sont chers. » — « Et en pourrait-il être autrement, dit Ernest du ton le plus pathétique ? Pensez-vous que les miens ne soient pas attachés à tous les vôtres? Gardez-vous de vous figurer le contraire, mon cœur ne vous le pardonnerait pas. » — « Vous finissez toujours par me faire croire tout ce que vous voulez, et, dans ce moment, j'ai la faiblesse d'ajouter foi à votre tendresse. Eh bien! allons, que dois-je faire? Est-il vrai que mademoiselle d'Hertal ait fait une impression si profonde? Une seule soirée m'enlèvera-t-elle cet amour que le Prince, il y a peu de momens, me jurait être éternel ? »

— « Tout peut se réparer encore, mais il n'y a pas de temps à perdre; il faut user de tout votre ascendant dans cette circonstance; frappez un grand coup: exigez que mademoiselle d'Hertal soit renvoyée de la cour. » — « Ce serait, je vous en demande pardon, une proposition imprudente à faire, à moins que nous ne trouvassions à la marier sur-le-champ: sans cela, quel prétexte pourrait avoir le Prince pour donner ce désagrément à sa femme? Vous ne songez à rien,

Ernest. Mais attendez, il me vient une idée: on m'a dit tout à l'heure que le nouvel écuyer du Prince, le baron de Schullestein, était amoureux de mademoiselle d'Hertal, que même ils étaient promis l'un à l'autre; voilà justement ce qu'il nous faut : je songerai demain à trouver les moyens de presser cette union qui ne peut plus être différée. »

En parlant ainsi, la maligne Marquise regardait Ernest, comme pour achever de lui dire : « Je veux tout à la fois me délivrer de mes craintes par rapport au Prince, et vous empêcher de me trahir, de me délaisser, pour épouser vous-même cette personne qui est une double rivale. » Mansdorf sentit parfaitement ce que pensait l'Italienne; il redouta qu'elle n'exécutât son projet; mais, ne voulant pas lui donner à connaître à quel point il pouvait en être ému, il se déguisa le plus qu'il lui fut possible, et répondit avec tranquillité : « Ce parti sera le meilleur à prendre; il ne s'agit que de forcer la Comtesse à y consentir; si elle s'y refuse, il ne doit pas nous rester de doute sur ses dangereuses intentions ; si elle y donne les mains, il faudra convenir que nous l'avons témérairement jugée. »

— « Non, non, Ernest; dans aucun cas nous ne nous serons montrés injustes envers elle ; soyez persuadé que, soit qu'elle se rende à mes désirs, soit qu'elle cherche à les éluder, elle n'en est pas moins coupable : je la connais depuis long-temps; je sais bien tout ce qu'elle peut inventer pour satisfaire son ambition intolérable. Mais, à propos, n'ai-je pas entendu le baron de Blomenthal dire et redire, à qui ne lui demandait pas, qu'il était l'un des tuteurs de mademoiselle d'Hertal ? » — « Oui, Marquise, il s'en est publiquement vanté.» — « J'en suis ravie ; je le manderai demain à mon réveil, et je me charge de le traiter de manière qu'il ne cherchera pas à s'opposer à l'union de sa pupille. »

— « Vous ne négligez rien; vous avez le plus vaste génie! » — « Ah ! mon ami, que ne ferais-je pas pour me conserver en un lieu où je puis jouir de votre tendresse si constante, si franche ! Soyez, Ernest, soyez sans inquiétudes : la fille d'honneur ne sera pas quinze jours un objet de terreur pour vous et pour moi. Adieu, il est temps que nous nous separions ; vous devez vous rendre auprès du Prince ; vous pouvez, si l'occasion s'en présente, lui dire que je vous ai fait part de mes inquiétudes, et que sa conduite, durant la soirée, a troublé mon amour. »

Ernest baisa avec ardeur la blanche main qui lui fut tendue, et se rendit promptement chez le Prince qui avait déjà renvoyé sa cour. « D'où venez-vous donc, comte de Mansdorf? lui dit-il. On assure que vous avez accompagné la Marquise. » — « Il est vrai, Altesse, que madame d'Albini m'a prié de la ramener chez elle, et je n'ai pu la quitter plus tôt ; elle est dans une émotion bien excusable : elle se plaint de vous ; elle m'accuse de travailler contre elle, et nous nous sommes séparés sans que j'aie pu parvenir à rassurer son âme alarmée. » — « Eh! qui peut ainsi la troubler? » — « Elle a pour votre Altesse une si vive passion, que peu de chose suffit pour la désespérer : elle a surpris les regards que vous adressiez à mademoiselle d'Hertal; elle nous a vus, vous et moi, nous retirer dans un cabinet, pour causer ensemble; et conduite par la jalousie, elle a sans peine deviné que nous nous entretenions de la fille d'honneur. »

— « Voilà une affaire bien désagréable; vous le disiez, cher Ernest, avec connaissance de cause : je vais me préparer beaucoup de tracas; mais n'avez-vous pu donner le change à la Marquise? » — Vous devez croire, Monseigneur, que je me suis gardé de convenir que ses inquiétudes étaient fondées : je les ai traitées de chimères; mes efforts ont été vains. « Le Prince, m'a-t-elle dit, que vous prétendez innocent du chagrin qui m'occupe, a un moyen de me prouver l'injustice de mes soupçons : il doit, sur-le-champ et sans retard, me délivrer de cette fille d'honneur; plusieurs moyens se présentent : il peut ou la faire renvoyer par la Princesse, ou la marier promptement. J'ai la preuve que mademoiselle d'Hertal est fiancée à l'écuyer du Prince, au baron de Schullestein : eh bien! que son Altesse emploie tout son crédit à former sur l'heure l'union de ces amans; alors je serai pleinement désabusée, et mon cœur reprendra sa première tranquillité. »

— « Il faut convenir qu'elle me presse d'une cruelle manière ; je ne puis ordonner à la Princesse de renvoyer sa fille d'honneur : ce serait un affront sanglant pour madame de Sebendal qui ne le mérite pas. Je pourrais plus facilement ordonner ce mariage; et si enfin il est vrai que mademoiselle d'Hertal aime ce Schullestein, si la Marquise est si désolée, si vous-même me prouvez que je ne pourrais me livrer à cette passion qu'en ameutant toute ma cour contre mes volontés, alors il faudra se résoudre à prendre ce parti. »

Ernest s'aperçut, par le discours du

Prince, qu'il était lui-même prêt à tomber dans les filets qu'il avait tendus. Certes rien ne pouvait lui être plus désagréable qu'un projet de prompte union entre Louise et Charles; il jugea donc convenable de choisir parmi deux dangers, et de préférer écarter celui qui pouvait l'accabler tout de suite. « Je ne vois pas, Monseigneur, ce qui vous détermine à prendre une résolution si précipitée : il est vrai que la Marquise s'alarme; mais devez-vous aveuglément vous soumettre à toutes ses fantaisies. Quoi! ne pourra-t-il paraître de jolies personnes à votre cour, sans alarmer son inquiète jalousie? Je sais qu'elle mérite des ménagemens; mais aussi, par son indulgence, elle doit reconnaître votre bonté et votre amour. Éloigner mademoiselle d'Hertal est à mes yeux une chose impossible; la marier est plus convenable : cependant, si j'en crois les nouveaux renseignemens que j'ai pris, je la juge peu portée à aimer son futur époux; on m'avait trompé sur ce point, et je pense, au contraire, qu'elle ne serait pas fâchée de voir retarder une union qui lui est peu agréable. Il ne faut pas douter que la Marquise ne vous presse cependant de le faire ; vous aurez de la peine à lui résister si vous n'usez pas d'un peu d'adresse : éloignez, pour quelque temps, le baron de Schullestein ; récompensez en lui les services rendus par sa famille ; l'occasion est favorable, saisissez-la ; nous verrons, lorsqu'il ne sera plus à la résidence, si on emploiera son nom pour vous contrecarrer encore, et si la fille d'honneur est réellement éprise de cet insignifiant jeune homme. »

— « Je vous dois cent remercîmens, repartit le Prince ; vous me tirez d'un fâcheux embarras : vraiment oui, il est juste que les Schullestein soient récompensés en la personne de leur héritier. Ayez le soin de faire prévenir le baron Charles de se trouver à mon lever, et je vous charge également d'y mander mon premier ministre. Continuez toujours à dissimuler auprès de la Marquise ; assurez-la surtout que je ne cesse pas de l'aimer. » A ces mots le Prince ayant achevé sa toilette du soir, souhaita une bonne nuit à son fidèle chambellan, et Ernest partit satisfait d'être parvenu à écarter un rival, que la protection de la Marquise pouvait rendre redoutable.

CHAPITRE XXVIII.

> A trompeur trompeur et demi.
> LA FONTAINE.

Le lendemain, le comte de Waldein se trouva au lever du Prince, comme il en avait reçu l'ordre; rarement il y paraissait, laissant cette heure aux courtisans dont jamais il n'avait imité les manières. Le prince Henri l'accueillit avec une distinction toute particulière, et l'entretint sur divers sujets qui intéressaient l'administration de ses états. Peu après le jeune écuyer fut introduit, accompagné du grand-maréchal du palais. Celui-ci, instruit par Charles que le souverain l'avait mandé, fut curieux de savoir à quelles fins; et comme le devoir de sa charge l'appelait dans la chambre du Prince, il était assez naturel qu'il s'y montrât avec son protégé.

Dès qu'Henri eut vu arrivé le baron de Schullestein, il lui fit signe de venir à lui. « Monsieur, lui dit-il, avec une grâce infinie, et comme s'il eût pensé tout ce qu'il allait prononcer, j'ai vu avec plaisir que vous vous soyez rapproché de ma personne; vos pères ont dignement servi mes aïeux; je souhaite le reconnaître en vous. Le chemin que vous ferez près de moi sera rapide, et conforme à votre mérite et à votre attachement. Je désire aujourd'hui envoyer en Danemarck une personne de confiance, afin de traiter avec cette cour de plusieurs objets qui m'intéressent; j'ai fait choix de vous pour me représenter dans ce lieu, et M. le comte de Waldein vous donnera aujourd'hui vos instructions. Demain, sans plus tarder, vous vous mettrez en route. »

Quelle que pût être l'ambition de Charles,

il ne vit dans cette faveur que son éloignement d'auprès de Louise, et, loin de remercier le Prince avec chaleur, il lui prouva par sa réponse combien peu il se félicitait de cet honneur. Henri ne fit pas mine de s'en apercevoir, et il le congédia avec le reste de l'assemblée. Le premier Ministre, resté seul avec le souverain, essaya de lui faire envisager le peu de considération qu'aurait son envoyé en Danemarck, à cause de sa jeunesse et son ignorance totale des affaires; mais il parlait en vain, le parti était pris, et le Prince, pour mettre fin à des réflexions qu'il ne voulait pas combatre, changea la conversation et entretint le Ministre de tout autre chose.

Cependant le grand-maréchal, bien loin de partager la peine que faisait à Charles une aussi brillante mission, se hâta, dès qu'il put le faire, de passer chez la comtesse de Sebendal. « Victoire! s'écria-t-il, ma chère amie, en entrant dans sa chambre, victoire! Que vos craintes soient dissipées: vous redoutiez hier que l'amour du comte de Mansdorf ne mît des entraves à celui qui pouvait naître dans le cœur du Prince; eh bien! vous vous trompiez hier, sans doute; ce dernier dissimulait, lorsqu'il montra cette froideur soudaine dont vous étiez alarmée: apprenez que ce matin il vient, en ma présence, de nommer le baron Charles son ministre à la cour de Danemarck. Certes cela veut beaucoup dire, et j'ose croire que vous penserez comme moi. En faisant ce choix, pour le moins extraordinaire, ne veut-il pas éloigner celui qu'il croit son rival? La chose me paraît prouvée, et je ne me flattais pas que nous ferions tant de chemin dans un si court espace de temps. »

Cette assurance, comme le présumait le baron de Worms, charma la Comtesse: elle vit, elle aussi, que le cœur du Prince était attaqué, et devant son confident elle ne dissimula pas son allégresse. Peu de temps après, elle fit appeler mademoiselle d'Hertal. « Me saurez-vous gré, mon enfant, lui dit-elle, de la bonne nouvelle que je vais vous annoncer : le Prince, touché de votre mérite et désirant vous être agréable, vient de nommer votre futur époux à une place des plus importantes ; on l'envoie en Danemarck, et son absence ne peut être moins d'une année. Voyez si la fortune ne vous sert pas à vos souhaits, et si je suis tant empressée de vous unir à un jeune homme que vous ne chérissez pas encore. »

Cette confidence inattendue charma Louise ; elle embrassa vivement la Comtesse pour lui prouver la joie qu'elle en ressentait. Hélas ! elle avait besoin de cette faveur du ciel la malheureuse Orpheline ! Depuis sa venue à la residence, ses soins pour rencontrer Léopold avaient été inutiles ; elle ne savait plus s'il se trouvait encore dans cette ville, ou s'il avait porté ses pas ailleurs. Cette incertitude faisait le malheur de son existence, et les distractions que la cour lui presentait ne l'arrachaient pas à sa rêverie. Quelquefois elle se croyait oubliée de son amant, et alors un entier découragement s'emparait de son âme. Souvent aussi elle aimait à se le représenter souffrant et malheureux comme elle, et alors ses peines en diminuaient, car elle obtenait la certitude de sa fidélité. Depuis qu'elle était chez sa tante, Charles n'avait point passé un seul jour sans la fatiguer de sa tendresse, et le comte de Mansdorf, s'étant mis aussi sur les rangs pour lui plaire, faisait le tourment de sa vie. Si d'abord elle avait éprouvé de l'agrément à causer avec lui, si sa gaieté, son adresse de courtisan avaient pu la distraire, elle n'avait pas tardé à reconnaître le peu de fond qu'on pouvait faire sur un pareil caractère : la fausseté, l'égoïsme, l'ambition insatiable du chambellan, l'avaient peint à ses yeux avec les plus noires couleurs, et elle était peu flattée de sa recherche opiniâtre. Aussi, tou ten éprouvant une joie réelle de l'éloignement momentané de Charles, elle témoigna quelques craintes que les prétentions du comte de Mansdorf ne fussent appuyées.

» C'est ce que vous ne devez pas redouter, ma belle nièce, lui dit la Comtesse, je vous l'ai promis et je serai fidèle à mes engagemens; je ne contraindrai jamais votre inclination ; regardez-moi comme votre meilleure amie, et souvenez-vous que je ne songe qu'à assurer votre bonheur. Mais cependant, pour cacher notre jeu secret, dont il ne faut pas que le reste de la famille s'aperçoive, je pense qu'il sera convenable de remercier le Prince. Je me charge de ce soin ; vous ne laisserez pas néanmoins de lui en toucher un mot ; il y sera sensible, et il s'occupera une autre fois du plaisir de vous obliger encore ; vous ne sauriez croire combien il aime la reconnaissance ; lui montrer ce sentiment est se l'attacher pour la vie. »

Louise, quoique intimidée à l'idée de parler particulièrement au Prince, se resolut à le faire : elle ne se doutait pas quel perfide conseil venait de lui donner la sœur de sa mère. Quelques instans ensuite on vit arriver le baron de Schullestein dans tout le désespoir d'un cœur véritablement épris; et contraint de s'éloigner de l'objet de sa tendresse ; il reçut mal les félicitations qu'on lui adressa, et prenant à part la Comtesse, il la conjura de veiller à ses intérêts durant son absence, surtout de ne pas accueillir les propositions du grand-chambellan. Le Baron, qui ne pouvait être instruit des projets secrets du Prince, n'attribuait la mission qu'on lui avait confiée qu'aux menées de Mansdorf, et aux ruses d'un rival autant audacieux qu'il était adroit. Il se fût consolé de sa disgrâce, s'il eût eu la consolation d'emporter avec lui les regrets de Louise; mais à son constant désespoir, il ne pouvait se dissimuler que mademoiselle d'Hertal était joyeuse de son éloignement. Heureux encore dans son infortune, de ne pas savoir Léopold, le rival redouté au-dessus de tous les autres, si près de l'Orpheline comme en effet il s'y trouvait.

Tandis que ces choses se passaient dans l'appartement de la dame d'honneur, la marquise d'Albini avait fait appeler le grand-échanson chez elle. Cet officier du

Prince était curieux d'apprendre ce que lui voulait la ſavorite: il n'était pas dans ses bonnes grâces; il le savait depuis long-temps, et cette demande inopinée ouvrait devant lui de vastes champs à ses conjectures. Il trouva Fiorina dans son boudoir, où elle le reçut avec une grâce toute particulière.

« Monsieur de Blomenthal, lui dit-elle, venez prendre place auprès de moi: j'ai à vous entretenir d'un sujet de la plus haute importance, et je vous demande toute votre attention. » — « Il faudra donc madame, répliqua le vieillard ambitieux, avec une galanterie tout affectée, que je ne me mette point en face de ces beaux yeux: ils pourraient, malgré mon âge, faire naître dans mes sens d'étranges distractions. » — « Oh! Baron, vous exagérez leur pouvoir, je ne puis leur croire tant de magie, et je demeure convaincue que vous êtes accoutumé à leur ſaible éclat. »

Monsieur de Blomenthal s'inclina respectueusement, comme pour contredire la Marquise; mais, ne lui ayant pas répliqué, il s'ensuivit un moment de silence. L'Italienne fut la première à le rompre: « Je ne sais pourquoi, monsieur, on a cru apercevoir une froideur apparente entre vous et moi, et d'où vient que, par une foule de rapports, que je me plais à croire calomnieux, on a cherché à vous nuire dans mon esprit. Je ne vous répèterai pas ce que plusieurs bouches, qui se disaient véridiques, m'ont dit plusieurs fois à ce sujet : on s'est plu à m'apprendre que vous me déchiriez en tout lieu, que vous cherchiez constamment à m'être contraire.... »

Ici, le grand-échanson ne put se contenir davantage, et assurant la favorite de son entier dévouement, il se récria sur le tort que la malignité avait voulu lui faire auprès d'elle; il lui jura que jamais il ne s'était écarté, à son égard, du respect et même du dévouement qu'il ressentait pour elle; en un mot, il ne négligea rien pour persuader à la Marquise qu'on lui en avait imposé, et qu'il n'était nullement coupable sur ce point.

« Je me plais à le croire, lui redit-elle; je ne pense pas vous avoir offensé : je vous distingue parmi tous les serviteurs du Prince, et je ne tarderai pas à vous en donner la preuve éclatante. Depuis long-temps je vois que le souverain supporte impatiemment l'espèce de tutelle dans laquelle prétend le retenir son premier ministre; il ne conserve ce fonctionnaire que dans la crainte où il est de ne pouvoir rencontrer, dans sa cour, une tête assez forte pour conduire les affaires. C'est à moi à le lui faire trouver, et si je vous désigne à lui, ne serait-ce pas vous annoncer que je n'ai contre vous aucune prévention, ni la plus legère rancune? »

La perspective que la Marquise vint présenter, dans ce discours, à M. de Blomenthal, fut si brillante et si inattendue, que le grand-échanson en rougit malgré lui : il crut ne pouvoir jamais assez exprimer à la dame jusques où il porterait sa reconnaissance, et, dans ses transports, quittant le siége qu'il avait pris auprès d'elle, il se hâta de se précipiter à ses pieds et de se confondre en protestations de dévouement. A la vue de cette action ridicule, la Marquise connut aisément tout ce qu'elle pouvait espérer d'une âme aussi basse, et, après l'avoir relevé, elle reprit la parole :

« Je puis sans doute beaucoup ; je ne pense pas, si la chute de Waldein a lieu, que le Prince choisisse son successeur sans en causer avec moi ; mais cependant il peut s'élever des obstacles plus grands que vous ne pouvez le craindre : vous avez en ce moment un rival dangereux pour vous et pour moi ; il l'est principalement à votre égard, mon cher Baron, car vous ne pouvez vous en méfier, et peut-être déjà vous êtes-vous laissé prendre au piége ourdi sous vos pas. Je vais vous parler franchement, vous montrer que je sais tout si vous êtes instruit, et vous apprendre la vérité, si on a usé de déguisement avec vous. Je connais les projets de madame de Sebendal ; elle n'a amené à la cour cette nièce que l'on a présentée dernièrement, que pour chercher à surprendre le Prince, et le conduire, par cet appât ingénieux, à seconder le plan ambitieux de la dame d'honneur et de son ami, le baron de Worms. Oui, l'on espère, comme moi, la démission de Waldein; mais c'est le grand-maréchal qui vise à le remplacer; sa charge passerait au jeune comte de Sebendal, et, par le moyen de sa cousine germaine, les faveurs, les richesses pleuvraient sur les deux familles. Cependant on vous éloignerait du poste où vos grands talens vous appellent, et vous seriez la dupe de cet accord audacieux. Je sais bien que, pour vous tromper jusques au bout, on essaiera de vous surprendre; on vous parlera en apparence dans vos intérêts; mais ne soyez point séduit par de promesses fallacieuses: certes, vous ne pouvez espérer que la Comtesse vous préfère à son ami de toute la vie, et vous serez complétement écarté, lorsque vous ne leur paraîtrez plus nécessaire. Parez le coup, ou plutôt faites-le retomber sur ceux qui vous l'adressent; combattez-les avec leurs mêmes moyens; le plus grand, le meilleur est entre vos mains; je vais vous l'indiquer, et vous n'aurez qu'à le mettre en œuvre. Vous êtes l'un des tuteurs de mademoiselle d'Hertal; vous savez tout ce que vous donne de droit un pareil titre; profitez-en: je sais que cette jeune personne aime tendrement, dès son enfance, le baron Charles de Schullestein, nouvellement nommé écuyer du Prince; eh bien! soyez le digne protecteur de cet innocent amour; veuillez qu'on ordonne leur mariage, cela dépend encore de vous; alors, en perdant sa nièce, la Comtesse perd l'instrument précieux de son intrigue; elle retombera dans sa nullité; la rivalité du baron de Worms ne sera plus dangereuse, et, par mes soins, vous ne tarderez point à remplacer un premier ministre, qui ne peut deux mois encore demeurer à son poste. »

Malgré la longue habitude de la cour, le grand-échanson, aveuglé par son ambition secrète, ne démêla pas non plus l'arrière-pensée de la favorite, la cause véritable qui la faisait agir : il crut simplement que voulant avoir un premier ministre dont elle pût diriger la conduite, elle l'avait choisi par préférence à tous ses concurrens. Dans cette persuasion, il lui renouvela les assurances de son dévouement ; il convint même que madame de Sebendal lui avait laissé entrevoir un des fils de l'intrigue qu'elle conduisait, « et maintenant, ajouta-t-il, que je suis éclairé par vos bontés, je vous jure de me maintenir sur mes gardes et de déjouer ses menées ; je ne puis consentir à ce qu'elle me sacrifie au grand-maréchal, et d'ailleurs il y a quelque chose d'odieux dans le rôle qu'elle veut faire jouer à la fille de sa malheureuse sœur ! » — « Assurément, reprit la Marquise, c'est une chose très-condamnable : je suis pour les bonnes mœurs. Tenez, mon cher Baron, il n'y a que cela de respectable dans ce monde. » Le Baron ne rit pas du grotesque propos que lui tenait la maîtresse du Prince ; une seule idée l'occupait, celle de l'emporter sur ses adversaires, et il ne voyait en ce moment, dans la Marquise, que l'amie dont le secours lui devenait si précieux. « Je ne retarderai pas d'une minute, lui dit-il, madame, l'exécution de notre projet, et je vais de ce pas m'expliquer avec la Comtesse. Croyez que sous peu mademoiselle d'Hertal sera convenablement mariée, et que vous ne trouverez pas un ministre plus disposé à marcher avec vous dans la plus parfaite intelligence. » Il dit, sort de l'appartement de l'Italienne, et celle-ci se prépare à l'autre entrevue qu'elle désire avoir avec Léopold.

Plus le grand-échanson réfléchissait à ce que lui avait confié la Marquise, plus il demeurait persuadé de la nécessité de lui complaire en toute chose. Également convaincu de l'attachement de madame de Sebendal pour le baron de Worms, il savait bien qu'elle l'immolerait toujours à ce vieil ami; il se promit donc de s'opposer à leur manœuvre, et de leur prouver qu'on ne le jouerait pas impunément. Il trouva heureusement la dame d'honneur toute seule, et, dans la crainte de n'avoir pas le temps de lui parler, il entra sur-le-champ en matière.

« Je me suis empressé de venir chez vous, madame et chère parente, pour vous faire part des bruits coupables qu'on fait circuler depuis hier au soir sur votre compte. Mon amitié me commande d'abord de vous les dénoncer; mon devoir de tuteur envers mademoiselle d'Hertal exige pareillement que je me joigne à vous pour vous aider à les détruire. Les amis de la Marquise sont furieux; ils prétendent que vous n'avez amené notre nièce à la cour que pour la rendre sa rivale. Vous avez, dit-on, formé ce projet, et l'on s'apprête à le combattre de toutes manières. Vous devez sentir tout ce que de pareilles assertions ont de désagréable, combien surtout la réputation de ma pupille aurait à en souffrir, si nous permettions que la malveillance empoisonnât ainsi nos démarches les plus innocentes. Hâtons-nous d'y mettre une barrière invincible à franchir, en terminant dans le plus bref délai possible le mariage de mademoiselle d'Hertal avec M. de Schullestein. »

La Comtesse , en voyant entrer le grand - échanson , avec qui elle avait cru s'entendre à demi-mot, était loin de penser que sa conversation se tournerait sur un pareil objet, et qu'il lui parlerait dans un sens si peu conforme à ses vues. Dissimulant néanmoins son étonnement, ne pouvant imaginer quel dessein faisait agir M. de Blomenthal, elle crut devoir feindre avec lui, puisqu'il ne s'était pas exprimé avec franchise.

« Savez-vous, lui dit-elle, mon cher cousin, que vous me surprenez au delà de toute expression? Quoi ! ma nièce nommée par la princesse sa fille d'honneur, pour récompenser mes longs services, est déjà le but que choisit la calomnie! Sa jeunesse, ses grâces, sa vertu, ne sauront-elles pas la préserver de ses horribles traits? J'en suis indignée, je l'avoue, mais ce qui augmente mon juste courroux est de vous voir, vous mon parent, vous son tuteur, accueillir de pareilles infamies, et ne pas craindre de me les rapporter. Quoi ! on a pu m'outrager ainsi que votre pupille, et vous n'avez pas imposé silence à ces misérables blasphémateurs ! Mon cher cousin, ce que votre prudence ne vous a point permis de faire, je veux en prendre le soin ; laissez-moi connaître ceux qui m'ont calomniée, et je leur en demanderai publiquement une réparation éclatante : on ne peut trop faire de bruit lorsqu'il s'agit de l'honneur de toute une famille. »

— « Je pense comme vous, chère Comtesse; oui, vous avez raison, il faut faire beaucoup de bruit. Je vais, en sortant de chez vous, raconter à la Princesse tout ce qui se passe ; je suis persuadé que son indignation viendra à notre secours. Il faut lui ouvrir les yeux sur les menees de la perfide Italienne, et elle verra comment on ose s'attaquer à elle et à ses serviteurs les plus chers. » Le conseil et la proposition maligne que le grand - échanson faisait à sa cousine ne convinrent nullement à celle-ci. Il n'entrait pas dans ses idées que la Princesse fût aussitôt éclairée ; elle eût pu croire à la véracité du récit, plutôt qu'à toute autre chose : aussi la grande - maîtresse ne vit qu'une adroite perfidie dans la proposition.

« Il est inutile, dit-elle avec plus de modération, d'aller fatiguer Son Altesse de ces misérables propos. Je craindrais que sa colère ne fût trop loin, et mon projet n'est pas de remplir la cour de notre querelle. Ainsi, je pense, après y avoir mieux réfléchi, que ce qui est le plus convenable est de mépriser de pareilles noirceurs : avec le temps elles tomberont assez d'elles-mêmes. » — « Il en sera comme vous voudrez sur ce point, mais pour aider davantage à détruire les complots des méchans, essayons le premier moyen que je vous ai proposé. Le mariage de M. de Schullestein avec votre nièce est arrêté du consentement des deux familles ; eh bien ! pourquoi le retarder ? en l'accomplissant nous fermerons sans retour la bouche à la multitude, et nous serons complétement justifiés. »

— « Je vous l'ai déjà dit, mon cher Baron, le mariage n'est nullement nécessaire. » — « Je ne pense pas comme vous. » — « Ce n'est point le moment de le conclure. » — « Je soutiens au contraire que c'est celui de le presser. » — « Non, vous dis-je. » — « Eh bien! madame, vous me forcerez de me servir du pouvoir que la loi me donne. » — « Plaisantez-vous? » — « Nullement, je vous jure : s'il vous importe peu que votre nièce soit compromise, je ne pense pas de même pour ma pupille. » — « Et vous voulez la marier ? » — « Oui, madame, la résolution en est prise. » — « Et c'est le baron de Schullestein qui sera son époux ? » — « Sans doute, il achèvera une union agreable aux jeunes gens comme à tous leurs proches, et que le Prince voit avec intérêt, puisqu'il faut vous le dire. »

— « Ah ! pour le coup, M. de Blomenthal, ceci passe la raillerie. Quoi ! Son Altesse s'intéresse à l'hymen de mademoiselle d'Hertal ? » — « Oui, madame. » — « En ce cas, il vous a sans doute appris pour quel motif, si ses intentions sont telles que vous me les faites, il a nommé ce matin le baron de Schullestein son envoyé extraordinaire en Danemarck, avec l'injonction la plus précise de se mettre en route demain. » — « Que me dites-vous, madame? Une pareille nouvelle ne serait pas un conte dont on vous aurait divertie. » — « A moins que M. de Schullestein, qui me l'a affirmé, à moins que le baron de Worms eût voulu l'appuyer dans cette inconvenante plaisanterie, il ne m'est pas permis d'en douter, et vous en seriez instruit comme le reste de la cour, si vous eussiez paru au lever où vous appelait le devoir de votre charge. »

La Comtesse eût pu parler plus longtemps sans que le grand-échanson fût pressé de l'interrompre. Il éprouvait une mystification cruelle : il se voyait confondu en cela même qu'il avait avancé comme lui devant assurer la victoire. Le triomphe de la Comtesse était complet ; il en acquérait la fatale certitude, et en même temps il voyait que la Marquise n'était plus en première ligne dans les affections du Prince. Cependant M. de Blomenthal devait parler : son silence, plus long-temps prolongé, eût achevé de le rendre ridicule.

« Je dois, madame, dit-il en hésitant, être surpris de ce que vous venez de m'apprendre : je croyais avoir sur ce point des données plus positives que les vôtres, et je m'aperçois que je me trompais. Il ne sera donc plus question du prochain mariage de ma pupille; mais ne lui conviendrait-il pas de prier le Prince de retarder le départ de son fiancé ? elle consentirait sans peine à le suivre dans la mission qui lui est confiée. » — « C'est une chose dont, à mon tour, je vous laisse le soin ; comme je ne crois pas nécessaire que Louise se marie aussi vite, vous ne trouverez pas mauvais que je me refuse de faire au Prince une pareille demande; mais vous, il faut la tenter : vous avez la persuasion que cette jeune personne court de grands dangers en demeurant à la résidence; alors, en bon tuteur, arrachez-la aux périls qui la menacent. Expliquez-vous avec le Prince, je ne doute pas qu'il ne soit charmé de vous entendre parler sur ce point: je donnerai mon consentement à tout ce que vous déciderez dans cette conférence. »

Le grand-échanson était assez clairvoyant pour s'apercevoir que la dame d'honneur le persiflait en lui parlant ainsi; mais il se garda bien de le laisser connaître. « Je vous remercie, lui dit-il, du conseil que vous me donnez; il me paraît fort bon, et j'en entretiendrai le Prince la première fois que l'occasion s'en présentera. »

Louise, arrivant sur ces entrefaites, donna un nouveau cours à la conversation. Plusieurs personnes parurent ensuite, et le grand-échanson en profita pour se retirer: il avait la rage daus le cœur, car la Comtesse l'avait joué de toutes manières; aussi se promit-il de la punir, si jamais il le pouvait. Il courut chez la Marquise pour lui annoncer la nomination de monsieur de Schullestein. Elle le savait : madame d'Oppenheim était venue le lui apprendre, et cette nouvelle troubla singulièrement la Marquise : elle se rappela en frémissant la prédiction de la Bohémienne.

« Eh quoi ! se disait-elle, la présence du jeune Reich serait-elle réellement le signal de ma perte ? » Elle garda néanmoins pour elle ses sinistres réflexions, et déguisa, sous un air riant, le chagrin secret qui s'élevait dans son âme. Vers les trois heures de l'après-midi, le Prince régnant vint chez elle : selon l'usage, il raconta, avec l'air le plus indifférent qu'il lui fut possible de prendre, comment il avait saisi l'occasion de récompenser les services de la famille de Schullestein, en la personne du baron Charles.

« Votre Altesse, lui dit madame d'Oppenheim, devrait, pour mettre le comble à ses bontés, ordonner la prompte union de ce jeune homme avec mademoiselle d'Hertal, sa fiancée. » — « Madame, répliqua le

Prince du ton le plus froid, je ne me mêle pas de ce qui ne doit être discuté que dans l'intérieur des familles; l'union dont on me parle ne peut me regarder en aucune manière. Je ne voudrais pas que l'un des deux époux pût jamais me reprocher d'avoir contribué à son malheur, si, par cas, il ne se sentait pas porté vers cette alliance. »

Le Prince mit tant de sécheresse dans ce propos, que ceux qui l'entendirent devinèrent parfaitement qu'il n'était pas adressé à madame d'Oppenheim. Chacun se le tint pour dit, et le grand-échanson n'eut pas envie d'entamer la même matière.

CHAPITRE XXIX.

LETTRE V.

LÉOPOLD REICH A LUCIEN BLOURKEN.

Croyez-en mon amour, croyez-en mon honneur :
L'amitié seulement règne au fond de mon cœur.

NOEL.

J'AI laissé passer un long espace de temps sans te donner de mes nouvelles. Je suis dans une telle position, que mes idées n'ont pas le moyen de s'unir souvent ensemble. Garde-toi, mon ami, de désirer le poste où m'a conduit la fortune ! Certes, plus je vais, plus je prends en haine et en dégoût cette cour, vers laquelle mon protecteur veut que je me tourne. Déjà, à plusieurs reprises, ceux qui se sont hâtés de se dire mes amis ont cherché à me nuire auprès du Ministre. On a fait jouer vingt ressorts plus mal conçus les uns que les autres ; car ce qui pourrait troubler une âme vulgaire ne vaut rien avec le comte de Waldein. Cet homme bon par excellence commence chaque matin, en me voyant, par me raconter ce qu'on a pu lui dire contre moi la veille ; il me parle de ces lettres infâmes, où la calomnie se revêt du manteau de l'anonyme ; il rit avec moi des espérances de mes adversaires.

« Pauvres gens, dit-il ! ils ne se doutent pas combien ils perdent de temps dans ces machinations inutiles ! Léopold, soyez sans inquiétude ; ce sera entre nous à la vie comme à la mort, » et en disant cela, il m'embrasse avec une vive tendresse.

Un jour, cependant, je vis un nuage sombre couvrir son visage : il semblait vouloir me parler ; sa bouche s'ouvrait, puis il reprenait son silence obstiné. Je ne pensai pas qu'une affaire d'état pût le troubler ainsi, et j'attribuai son émotion à une cause plus intime. Je me contins durant quelques minutes, mais enfin, voyant qu'il ne voulait pas s'expliquer : « Monsieur le Comte, lui dis-je, je ne suis pas accoutumé au chagrin qui semble vous accabler ; est-ce être trop hardi que vous en demander le sujet, et les calomnies de mes adversaires en seraient-elles le principal motif? »

« Monsieur de Reich, me dit-il (et tu dois observer que jusque-là il m'appelait toujours Léopold lorsque nous nous trouvions ensemble, à moins qu'il n'y eût du monde), monsieur de Reich, j'avoue que vous seul êtes le sujet de mon embarras. Il me revient d'étranges bruits sur votre conduite; j'aurais pu m'en assurer par des voies détournées, mais c'est de vous seul que j'attends l'explication que vous avez provoquée. »

— « Excellence, m'écriai-je, il est affreux d'être privé un seul instant de votre estime;

ce malheur m'accablerait ! Non, je ne crois pas m'être rendu coupable d'aucun de ces excès qui font rougir l'homme d'honneur. On m'a outragé, sans doute, mais apprenez-moi ce qu'on me reproche, et n'hésitez pas à être persuadé que je me justifierai sans peine. » — « J'aime cette noble indignation, me dit le Comte, elle me prouve que votre cœur est pur ; cependant l'accusation est si précise, est si directe, qu'en vérité, si l'on m'en a imposé sur tous les points, il faut que les méchans possèdent une bien épouvantable audace. On assure que vous vivez publiquement avec une de ces filles, la honte de leur sexe, et que vous la faites passer pour votre sœur ; on dit que vous l'avez recueillie dans votre maison, et qu'elle est l'objet du scandale de tout le quartier. »

A ces paroles, qui me confondirent, mon front se couvrit d'une épaisse rougeur. « Je dois convenir, Excellence, dis-je sans faire attendre ma réponse, que, pour me nuire auprès d'un moins noble esprit que le vôtre, on aurait choisi le meilleur de tous les moyens. Si l'apparence constitue le crime, il n'y a pas de doute que je suis criminel; mais il ne me sera pas difficile de vous convaincre du contraire. » Alors je lui racontai, sans en oublier un mot, l'histoire de ma rencontre avec Adèle. Je lui peignis la douleur de la jeune personne, son abandon au moment le plus affreux de sa vie, la brutalité de son hôte, la pitié qui avait pris place dans mon cœur, le serment que j'avais fait à la face du ciel, et ma ferme résolution à ne pas être parjure. Je pus parler tout à mon aise : le Comte ne voulut pas m'interrompre, il me laissa le temps de me justifier ; cependant je pouvais lire dans ses yeux qu'il n'était pas entièrement convaincu par tout ce que je lui disais, ou bien une autre pénible pensée se formait-elle dans son âme ? J'achevai enfin, le suppliant de me communiquer ses doutes.

« Léopold, me dit-il, je vois combien on vous a calomnié, mais, mon enfant, le danger n'en est-il pas le même ; quel nom donnerez-vous à cette soudaine, à cette tendre amitié ? Ne serait-elle pas de l'amour ? A votre âge, à celui de mademoiselle Meisberg, pourrait-elle être autre chose ? »

— « De l'amour ! m'écriai-je en tressaillant, de l'amour ! non, monsieur le Comte, ce ne peut pas être de l'amour ; il me semble que ce sentiment s'annonce d'une autre manière. » Je disais, et, descendant dans mon cœur, je fis la comparaison rapide de ce que m'inspirait Adèle et de ce que je ressentais pour mademoiselle d'Hertal.

« J'aime à croire, me dit le Ministre, que vous lisez clairement dans vos affections ; il serait pénible pour votre père de vous voir amener une épouse indigne de votre rang. » — « Cette crainte, Excellence, ne pourrait pas naître de mon attachement pour Adèle, si par hasard je la chérissais ainsi que vous l'entendez ; jamais il ne fut plus parfaite créature : elle a toutes les vertus qui commandent l'estime, elle a toutes les perfections qui assurent le bonheur, elle ne fera point la honte de son époux ou de son père. »

— « Mais l'obscurité de sa naissance..... »

— « Est-ce qu'elle n'est pas comme nous fille de Dieu ? Rien ne manque en elle à ce qui pourrait constater cette céleste origine, et, comme au jour de son jugement, on ne lui demandera pas autre chose, je ne vois pas ce qui pourrait nous rendre plus difficiles que la divinité. »

— « Ceci, cher Léopold, serait une autre question à débattre : ne nous en occupons pas en ce moment ; revenons au sujet principal de notre conversation. Vous devez réfléchir, mon enfant, que dans votre position actuelle, vous vous perdriez dans l'esprit public, si plus long-temps vous viviez sous le même toit que votre sœur d'adoption ; elle-même vous saurait-elle toujours gré d'un entêtement qui compromettrait sa réputation, et, pour une femme, est-il rien de plus précieux au monde ? N'a-t-elle pas tout perdu lorsque son honneur lui est ravi ? »

« Que voulez-vous que je fasse, repartis-je ?

Me faudra-t-il renoncer à la promesse que j'ai faite? abandonnerai-je ma sœur?» — « Je n'ai garde de l'exiger, mais laissez-moi prendre le soin de régler toute chose: je possède dans un faubourg une maison parfaitement entretenue; il faut qu'Adèle s'y retire avec sa domestique; là, elles habiteront sous ma sauvegarde; vous irez la voir quand vous le voudrez et je vous prierai de m'y conduire un jour, car je veux faire connaissance avec votre sœur. »

La bonté du Ministre me toucha jusques aux larmes; je saisis sa main et la baisai à plusieurs reprises : il répondait à mes caresses, lorsque s'arrêtant tout à coup : « N'est-il point vrai, me dit-il, qu'il n'y a point d'amour en tout ceci? » — « Non, monsieur, lui répliquai-je, il n'y en a pas, je vous le jure, et je ne donne pas ma parole en vain. » — « En effet, reprit-il, avec un air moitié gai et moitié curieux, je crois avoir entendu dire à Schalborg que votre cœur ne vous appartenait plus, et que vous l'aviez laissé dans votre village. »

Le feu me monta à la figure, lorsqu'il me parla ainsi : je ne répondis rien ; il poursuivit. « Ne m'a-t-il pas fait connaître l'objet de votre choix ? c'est mademoiselle d'Hertal qu'il a nommée, je pense. » — « Vous cherchez, Monseigneur, lui dis-je tout hors de moi-même, à surprendre mon secret, et je pourrais ici m'envelopper de mystère ; mais je ne le ferai pas avec vous : oui, j'ai aimé mademoiselle d'Hertal, et je la chéris encore ; loin de croire à la possibilité de mon hymen avec elle, j'avais la funeste certitude de ne pouvoir jamais l'obtenir ; bientôt même je sus qu'elle devenait la femme du baron de Schullestein, et je m'arrachai au danger de vivre près d'elle, et quand vous m'avez appris qu'un sang noble coulait dans mes veines, le sacrifice était consommé, et mademoiselle d'Hertal était la femme d'un autre. De grâce, Excellence, que ce soit pour la première et dernière fois que nous traitions ensemble ce sujet : certes nous n'en aurions jamais parlé, si je n'eusse pas voulu vous guérir de vos craintes, et vous prouver que celui qui aime mademoiselle d'Hertal, ne peut soupirer à la fois pour une autre femme. »

— « Je te remercie, Léopold, de ta confiance (remarque, Lucien, que jusqu'à ce moment il ne m'avait point tutoyé); elle me touche jusqu'au fond de l'âme, et je voudrais te rendre tout le plaisir qu'elle m'a fait. As-tu bien la certitude que mademoiselle d'Hertal soit mariée? Crois-tu qu'elle ait pu t'oublier? » — « Que me dites-vous là Monseigneur, m'écriai-je de nouveau? Devez-vous faire élever dans mon cœur une espérance qui ne sera que trop promptement détruite : eh bien! si Louise n'était pas mariée?.... »

— « Alors il serait possible de l'obtenir. »

— « Ah! Monseigneur, lui dis-je (et oubliant le respect que je lui dois, je l'embrassai), qui? moi, je serais l'époux de mon amie! Non, non cela ne sera pas, cela ne peut pas être; tant de prospérité ne peut point devenir mon partage. Cependant, si vous voulez le permettre, je vais prendre un cheval; en deux galops je serai à Obernoff, et de retour avant la nuit....... » — « J'en suis bien fâché, cela ne peut se faire de cette manière; j'ai besoin ici de toi, et nous avons du travail qui presse. »

— « Et si elle se marie demain? » — « Je ne le pense pas. » — « Nous pouvons dépêcher un domestique. » — « Ce n'est pas nécessaire. » — « Vous le croyez? » — « J'en suis certain. » — « Et comment, Monseigneur? » — « Parce que j'ai l'assurance que mademoiselle d'Hertal n'est point engagée par aucun serment. » — « Serait-ce vrai? ah! comment en avez-vous la preuve?» — « Il doit t'importer peu, mon enfant, par quelle voie je sois instruit; l'essentiel est pour toi que le mariage que tu craignais ne soit pas fait, et ne soit point prêt encore à se conclure; ne m'en demande pas davantage: sois tranquille, et attends tout du temps et de mon amitié. Je t'avoue qu'en te révélant ce que je viens de te dire, j'ai voulu récompenser ta franchise, et la certitude, donnée par toi, que mademoiselle Meisberg ne possède que ton amitié ; il m'eut été pénible d'apprendre tout autre chose. Cependant, je vais annoncer mes ordres ; je veux que ta sœur, comme tu te plais à la nommer, soit reçue dans la maison dont je t'ai parlé, le plus tôt sera le mieux : il est convenable d'arrêter ainsi dans sa source une aventure si précieuse aux complots de la méchanceté.. »

« Je n'aurai, Monseigneur, qu'à vous adresser une question dernière ; me ferez-vous la grâce de me répondre? » — « Tu me demanderas une chose juste, et mon cœur ne te la refusera pas. » — « Je voudrais connaître le nom de celui qui vous a fait cet odieux rapport. » — « Je vais te le dire : on guérirait bientôt le monde de l'odieuse manie de mal parler des gens, si sur-le-champ on les démasquait auprès des personnes qu'ils ont calomniées. Deux employés ont trempé dans cette noirceur : le premier est M. Durmin, le vieux chef de bureau qui t'adresse tant de politesse, et dont hier encore tu me vantais les prévenances flatteuses : il n'a pu te pardonner la préférence dont tu es l'objet, et depuis ce moment il cherche à te nuire. Mon intention était déjà de le congédier; je profiterai de cette circonstance. »

— « Ah! Monseigneur! Il est si doux de pardonner! » — « A la jeunesse, oui; elle peut rentrer dans la bonne route: à la vieillesse, non; elle est incorrigible. D'ailleurs cet homme me pèse depuis long-temps: protégé, je ne sais pourquoi, par la marquise Albini, il lui rapporte tout ce qui se passe chez moi. Il doit enfin en payer la peine. Le nom de l'autre conjuré te surprendra peut-être: hier encore tu sollicitais auprès de moi, et tu as obtenu pour lui de l'avancement. Il t'en a récompensé; une heure s'était à peine écoulée, lorsque tu lui avais annoncé que tu étais parvenu à m'arracher la faveur qu'il demandait. C'est le fils de l'aubergiste chez lequel tu as logé en arrivant à la residence, c'est le grand Staup : il a le premier fait connaître tes liaisons avec mademoiselle Meisberg, et n'a pas craint de venir t'accuser en ma présence. »

Cette révélation, mon cher Lucien, me jeta dans un sombre désespoir ; l'ingratitude était si horrible, elle portait un si infâme caractère, que plus que jamais j'éprouvai de la peine de vivre parmi des êtres autant corrompus. Je les prenais en horreur davantage, et, pour cette fois, je ne me sentis pas la vertu de solliciter la grâce de ce misérable ; et, par mon silence, je l'abandonnai à la colère de mon protecteur.

Il ne tarda pas à me venger : il fit appeler son intendant, lui désigna les deux coupables, et lui ordonna de les faire sortir sur-le-champ de l'hôtel. Ce soin rempli, il se tourna vers moi. « Je vous donne congé, me dit-il, pour la journée : vous pouvez aller la passer avec votre sœur ; prévenez-la de mes intentions. Il est convenable qu'elle couche ce soir dans la maison du faubourg, qui, dans une heure, sera disposée pour la recevoir. »

Le Comte me quitta à ces mots, non sans avoir écouté toutes les preuves de ma reconnaissance et de ma joie ! ô Lucien, conçois-tu mon bonheur : Louise n'est point l'épouse de Charles, et l'espérance ne m'est pas enlevée ! grand Dieu ! achève ton ouvrage ; conduis les événemens de sorte que je puisse obtenir la première félicité d'un mortel sur la terre, celle de s'unir à la femme de son choix. Je sortis de l'hôtel du ministère le front joyeux, et cependant, j'étais fâché de me séparer de la bonne Adèle : je m'étais fait une douce habitude, de la retrouver tous les soirs chez moi ; notre amitié était si franche, si pure ! Il m'en coûtait de renoncer à cette agréable intimité ; mais pouvait-elle durer encore ? Le Comte ne m'avait-il pas ouvert les yeux ? Devais-je plus long-temps me laisser passer pour un débauché ; et me convenait-il d'exposer la réputation de ma sœur chérie ? Je comprenais la solidité de ces réflexions, et me soumis à ma destinée.

Adèle, de son côté, ressentit un vif chagrin, lorsque je lui appris la nécessité de notre séparation : j'eus grand' peine à faire entendre à cette âme innocente, sans trop éclairer sa pudeur, qu'il était convenable que nous ne logeassions plus ensemble. « Je ne vous verrai donc plus chaque jour, me dit-elle? nous ne passerons donc plus nos soirées l'un auprès de l'autre? Ah! mon frère! j'aime peu la prudence de votre protecteur; je ne conçois pas le mal qu'il peut trouver dans un commerce où je rencontre tant de charmes. »

— « Gardez-vous, ma sœur, lui dis-je, de croire que je laisserai passer un seul jour sans vous voir; je ne pourrais me résoudre à me priver de ce plaisir : mais nous ne pouvons résister aux prières du Ministre : il veut être votre tuteur, votre père; et désormais vous porterez le titre de sa parente. Telles sont les intentions du meilleur des hommes. » Je me retirai ensuite, laissant à Adèle et à sa domestique le soin de rassembler leurs hardes; je passai dans mon cabinet, où je repris un travail assez important, dont le ministre m'avait chargé il y avait plusieurs jours.

Dans le temps où je m'occupais de ce soin, mon domestique entra, et me remit une lettre dont le seul aspect faisait plaisir à voir: joli papier, petit cachet, devise galante, poudre rosée, cire bleue celeste, odeur d'ambre, rien n'y manquait. « Voilà, me dis-je en rompant l'enveloppe, un message d'état de bon augure: certes rien de mal ne peut être caché là-dessous. » Que pensai-je encore, lorsque je pus lire les mots suivans tracés par la main d'une femme: « Léopold Reich a-t-il oublié » une ancienne amie, qui n'en a pas agi » de même avec lui? Aura-t-elle à se plain- » dre de son indifférence, et ne ressentirait- » il plus rien d'un feu dont il a brûlé? » C'est pour se convaincre de son opinion » véritable qu'on désire causer avec lui. Si à » quatre heures de l'après-midi il se » trouve chez lui, le domestique qui lui re- » mettra cette lettre le conduira dans un » lieu où il sera attendu avec impatience;

» on lui demande pour toute réponse de » renvoyer cette missive, en prenant le soin » de la cacheter de nouveau. » Ici je m'arrête, l'heure du courrier me presse; l'ordinaire prochain t'apprendra la suite de ce que je te mande.

CHAPITRE XXX.

LETTRE VI.

LÉOPOLD REICH A LUCIEN BLOURKEN.

Sit procul a nobis forman cui vendere cura est.

PROPERCE, *Eleg.* II.

Repoussons la femme qui trafique de ses charmes.

MA surprise fut grande en lisant ce mystérieux écrit; une femme l'avaït tracé, une femme me rappelait dans ces lignes ce qu'elle avait pu jadis m'inspirer. Je ne songeai, dans ce moment, qu'à une seule. J'oubliai qu'il en fût d'autres dans le monde, et, tout entier à mon amour, je m'imaginai que Louise était venue à la résidence, et qu'elle avait fait cette démarche qui transportait mon cœur. Je ne me demandai point comment elle avait pu connaître le lieu de ma demeure, je restai persuadé qu'elle seule avait tracé ces adorables caractères ; je pouvais le soupçonner avec d'autant plus de facilité que son écriture ne m'était pas connue. Ainsi je bâtis tout à mon aise cet agréable château en Espagne.

Je recachetai exactement le billet, et je voulus le remettre moi-même au porteur, afin qu'il pût me reconnaître quand il reviendrait; mais je ne crus pas devoir le questionner : on ne doit jamais, lorsqu'on ne veut pas se rendre coupable, tenter la fidélité de ses inférieurs. Tandis que je me livrais aux plus flatteuses espérances, Adèle me fit appeler; ses préparatifs étaient terminés : un envoyé du Comte était venu nous appendre qu'on nous attendait à la maison du faubourg, et nous nous y rendîmes. Ce bâtiment, décoré avec goût et meublé d'une manière élégante, était confié à un jardinier qui y était établi avec sa famille. Depuis longues années il jouissait de la confiance du Comte qui m'avait repondu de sa discrétion. Le jardin était vaste et distribué à l'anglaise; il y avait surtout un bois délicieux et une jolie cascade. Adèle fut enchantée de l'agrément de sa nouvelle habitation ; je recommandai cette chère sœur, car elle conserva toujours ce titre, au jardinier, à sa femme, à ses filles, et tous me promirent d'être attentifs pour la parente de leur bienfaiteur. Le Comte est adoré de tous ceux qui l'entourent. Enfin, après avoir demeuré quelque temps avec Adèle, je la quittai : il était alors une heure environ ; je voulus profiter de la liberté que le Ministre m'avait accordé, pour aller porter au palais, à la chancellerie particulière du Prince, des papiers de la plus haute importance dont je voulais exiger un recépissé.

Je me rendis au secretariat, et je terminai l'affaire qui m'amenait. Je revenais, lorsque, en descendant le grand escalier, j'aperçus beaucoup de mouvement, et des huissiers annoncèrent la

Princesse Régnante : je ne la connaissais pas encore, et, curieux de la voir, je m'avançai le plus qu'il me fut possible. Ah! Lucien, je cessai bientôt de m'occuper d'elle : conçois, si tu le peux, ma surprise, ma joie, mon délire, lorsque mes yeux eurent reconnu mademoiselle d'Her tal parmi les filles de la Princesse ! Mes genoux fléchirent sous moi; je fus sur le point de perdre l'usage de mes sens : l'amour heureux me prêta de nouvelles forces, et je regardai attentivement mon adorable amie, dont la beauté naturelle était rehaussée par son éclatante parure. J'avais à redouter de n'être pas vu de Louise : le ciel encore m'épargna ce chagrin. Son regard rapide, la rougeur qui brilla sur ses joues, une exclamation qui lui échappa, m'apprirent que j'avais fixé son attention ; elle se pencha avec vivacité vers une dame âgée qui marchait immédiatement après la Princesse, et en même-temps qu'elle me saluait, elle lui fit signe que j'étais là.

Cette dame se tourna à demi, et continua sa course ; Louise , contrainte à la suivre, m'en témoigna sa peine par un regard éloquent : je me précipitai après elle pour la voir plus long-temps encore, et mon œil la conduisit jusqu'à la voiture où elle monta , et qui l'emporta rapidement. En retrouvant mademoiselle d'Hertal, tous mes doutes me parurent éclaircis au sujet du billet que j'avais reçu le matin : c'était maintenant pour moi une complète certitude qu'il m'avait été envoyé par Louise , et je devais garder l'espérance de la voir avant la fin du jour. Je me crus le plus heureux des hommes, et ayant demandé à plusieurs personnes le nom de la dame à laquelle mon amie m'avait désigné , j'appris que c'était la grande-maîtresse du palais de la Princesse , la comtesse de Sebendal. Je savais qu'elle était tante de Louise, et ne fus plus surpris de voir celle-ci à la résidence; sans doute elle y était en qualité de fille d'honneur. Ainsi, pareillement, s'expli ua ce que naguère m'a\ ait dit le

Ministre ; il avait pu rencontrer mademoiselle d'Hertal au cercle de la cour, et apprendre de la tante la cause du retardement de ce mariage que je croyais consommé.

Oh ! comme les heures me parurent longues jusqu'à celle qui devait amener l'émissaire de Louise ; mon cœur battait avec une force extrême; rien ne pouvait distraire son impatience ; une seule idée m'occupait alors : vainement je voulus essayer de me livrer au travail, ma main s'y refusait ; ma tête était partie, je ne pouvais ni lire ni demeurer en repos ; je regrettais sincèrement qu'Adèle ne fût plus avec moi, peut-être eût-elle pu m'occuper un instant. A chaque minute je regardais ma montre, j'accusais la lenteur des aiguilles, et je les comparais à la marche de celles de la pendule, pour me convaincre qu'elle ne retardait pas.

Enfin, quatre heures sonnèrent, et le domestique de tantôt me fit demander si j'étais prêt à le suivre. Je fus en un instant de mon cabinet à la porte de la rue, et je dis à cet homme de me conduire. Il passa devant moi. Nous parcourûmes une partie de la ville ; arrivés dans une ruelle très-étroite, le messager frappa à une petite porte qui fut ouverte par une vieille femme, et nous entrâmes dans un jardin. Je le traversai rapidement ; on m'introduisit successivement à travers plusieurs pièces, et enfin je fus mené dans un cabinet élégamment meublé, où l'on me pria d'attendre quelques minutes. Elles me parurent de longues heures; ce retard me contrariait ; je me dépitais contre tout le monde. Enfin la porte s'ouvrit ; une dame se présenta ; elle leva son voile; je pus la reconnaître....

Ce n'était pas Louise, c'etait l'Italienne, cette Fiorina dont je t'ai parlé quelquefois. Tu dois croire, mon ami, combien je fus trompé dans mes châteaux en Espagne ; au lieu de voir l'objet de ma constante flamme, je me trouvais en présence d'une femme que je n'aimais plus, que je n'estimais pas. Nul attrait ne me portait vers elle, et je ne pouvais imaginer dans quel but elle avait voulu avoir cette entrevue avec moi, dont elle avait perdu la faible tendresse depuis plusieurs années. Ma contenance dut exprimer ce que pensait mon cœur, et il ne fut pas difficile à Fiorina de le connaître. Quelle que pût être son audace, elle se montra néanmoins interdite dans le premier moment.

« Je ne sais si je dois m'applaudir, dit-elle en m'adressant la parole, de la démarche que je fais à votre égard; si votre physionomie n'est point trompeuse, elle n'exprime que de la surprise; et peut-être même un sentiment moins favorable se cache-t-il encore en vous. » — « Il ne doit pas vous paraître surprenant, madame, que mon étonnement éclate en vous voyant; nous sommes séparés l'un de l'autre depuis tant d'années, qu'en vérité je suis confondu d'apprendre que vous ne m'avez pas oublié. » — « C'est me dire, par un détour adroit, que vous ne songiez guère à moi : eh bien! quoi qu'il en soit, vous voyez qu'on accuse à tort mon sexe de légèreté; vous allez désormais me citer comme une preuve que nous ne renonçons pas à nos anciens amis. » — « Je crois cependant avoir gardé la mémoire d'une époque où vous ne me convainquîtes point de ce que vous avancez aujourd'hui. »

— « Voilà qui est mal à vous, de rappeler le temps de nos étourderies : ne nous souvenons plus que de notre amitié ; je me propose de vous en donner des marques solides. » Tandis que Fiorina me parlait de l'amitié, je la regardais, et mon examen me prouvait qu'elle avait un autre projet en tête : sa parure était brillante, le goût y avait présidé, et jamais on ne mit tant d'art à paraître sous un jour avantageux ; mais, en même temps, il y avait, dans l'arrangement de cette toilette, je ne sais quoi de si voluptueux, tant de charmes y étaient étalés, que je dus me tenir sur mes gardes et faire un appel à ma vertu. « Asseyons-nous, poursuivit cette syrène, j'ai beaucoup de choses à vous dire ; je compte sur votre franchise et sur votre désir de m'obliger. J'ai pourtant à me plaindre de vous : nous nous rencontrons il y a trois mois sur une grande route, je vous prouve par mes regards que vous n'étiez pas sorti de ma mémoire, vous venez à la résidence pour chercher de l'emploi, et vous ne formez pas la pensée d'essayer à me rencontrer; vous n'espérez pas que je veuille vous être utile, Léopold, ce n'est pas bien : on ne doit jamais haïr la femme à laquelle on a parlé de tendresse ; l'amour peut passer, mais la confiance doit lui survivre.»

— « Je vous remercie de vos reproches, madame, ils sont obligeans; je m'excuserai néanmoins avec une facilité extrême : songez aux dernières époques où nous nous sommes vus, rappelez-vous le soin que vous mîtes à m'éloigner du Prince qui fut mon ami; après une telle conduite, devais-je me flatter que vous changeriez à mon égard, et eût-il été convenable que je me fusse adressé à vous. D'ailleurs, puisque vous avez fait un appel à ma franchise, souffrez qu'elle s'exprime ici tout entière : mon projet n'est point de me rapprocher de la cour ; je serais fâché qu'Henri fût instruit de ma présence dans sa capitale. »

— « Voilà un propos digne de votre ancienne fierté : n'est-il point pourtant démenti par votre conduite ? Vous ne voulez point, dites-vous, vous approcher de la cour, et vous vous établissez chez le premier Ministre! » — « En parlant comme je viens de le faire tout à l'heure, je n'ai pas voulu dire que je renonçais à servir mon pays ; je souhaitais seulement vous faire entendre que je ne m'abaisserai pas à jouer le rôle de courtisan. » — « C'est à merveille, je vous retrouve tel que je vous avais laissé; mais, mon Léopold, je me plais à vous donner le nom que je prononçais autrefois avec plaisir, craignez de vous tromper dans vos vues généreuses ; vous êtes à une méchante école, et certes on ne peut mieux apprendre ce que vous détestez qu'en ayant pour maître le comte de Waldein. » — «Le croyez-vous madame ? lui dis-je avec indignation, ne pouvant souffrir qu'elle outrageât mon bienfaiteur : celui qui sera le disciple du premier Ministre n'apprendra jamais que les leçons de la vertu et de l'honneur. »

— « Ce n'est pas à moi à vous tirer de l'erreur où vous êtes ; je dois seulement déplorer de vous voir lié avec mon ennemi. » — « J'ignorais que le comte de Waldein le fût, madame ; il ne l'est que de ceux de l'état, et je ne vous place pas dans ce nombre. » — « Vous vous trompez, Léopold, le Comte cherche personnellement à me nuire, et, s'il parvient à savoir que nous nous sommes connus, il essaiera de vous engager à le servir dans sa haine. » — « Ne le redoutez point : de pareils moyens sont au-dessous de lui, et si, par cas, il avait cette faiblesse, je n'aurais pas celle de m'y prêter. » — « Oh! je ne doute pas de votre admirable caractère ; mais vous êtes jeune, confiant, vous ignorez les piéges qu'on peut vous tendre, et ne serait-il pas possible qu'on vous enlevât des lettres où autrefois ma tendresse s'expliquait sans détour pour vous ? »

— « Il serait difficile d'y parvenir, madame ; je puis vous rassurer encore sur ce point : ces lettres qui vous inquiètent n'existent plus depuis long-temps; j'en fis le sacrifice le jour où je fus assuré qu'elles ne renfermaient point vos sentimens véritables. » — « Puisqu'il en est ainsi, je ne dois plus que vous engager à garder un éternel silence sur le passé, et vous conjurer de me voir avec moins d'indifférence. Mon cœur brûle de vous servir ; formez un souhait, je ne balancerai pas à le satisfaire : mon pouvoir n'a pas de bornes, il me sera doux de l'employer pour celui qui le premier ouvrit mon cœur à la tendresse ; cher Léopold, vous m'avez mal jugée, laissez-moi travailler pour vous. »

— « Je vous remercie de vos offres, madame; permettez-moi de n'en pas profiter : la carrière que je dois suivre, est toute tracée devant moi, et je n'en dévierai pas. Répandez vos bienfaits sur ceux qui les recherchent, je ne demanderai de récompense que lorsque mes actions l'auront méritée. » — « Ingrat que vous êtes, pouvez-vous dédaigner mon amitié, cette amitié qui ferait tomber à mes pieds le premier personnage de la cour, si je voulais la lui promettre. » — « Je n'en doute pas, mais, vous le voyez, je suis d'autres maximes ; je ne serai jamais dans le cas de briguer un titre qui ne me sera pas dû. »

La syrène alors changea de batterie : elle me parla des illusions de notre jeunesse, des époques où nous goûtions ensemble les délices de l'amour ; elle employa toute son adresse, tout le prestige de sa beauté pour me faire tomber dans le piége ; vains efforts : ne venais-je pas de voir mademoiselle d'Hertal ? Ce souvenir n'était-il pas pour moi la meilleure égide ? Fiorina fut déconcertée de l'inutilité de ses avances ; je vis plus d'une fois l'éclair de la colère resplendir dans son œil noir ; elle la retint cependant, et, après avoir reçu de moi la nouvelle promesse que je ne parlerais jamais d'elle, nous allions nous quitter, quand elle me dit : « J'exige cependant que vous vous adressiez à moi si jamais vous pouvez avoir besoin d'une protection puissante, surtout à l'époque où votre appui sera lui-même renversé. » — « Que dites-vous, madame? m'écriai-je en revenant sur mes pas; le comte de Waldein serait-il menacé d'une disgrâce prochaine? Rappelez-vous bien que jamais le prince Henri n'a eu de sujet plus fidèle et plus digne. Combien vous vous attireriez mon hommage si vous souteniez le plus noble des mortels! »

— « Vous me faites là une belle demande; est-ce à moi que vous devriez l'adresser : en butte à toutes les menées du Ministre, certaine qu'il ne cherche que mon abaissement, j'irais courir à son secours? Oui, vous avez raison de le dire, Léopold, vous n'êtes point fait pour le rôle que je voulais vous apprendre; la place de pasteur dans un village est tout ce qui vous convient. Mais, à propos, voulez-vous que je vous fasse obtenir la survivance de celle de votre père (poursuivit-elle en riant)? » — « Je vous en remercie, je ne dois plus revenir à Obernoff. » — « Obernoff, dites-vous! s'écria-t-elle en rentrant dans le cabinet dont elle allait sortir ; n'est-ce pas dans un bourg de ce nom, qu'habite un certain comte d'Altorn. »

— « Oui, madame, c'est dans Obernoff même. » — « Vous est-il connu? » — « Beaucoup. » — « Connaissez-vous aussi sa famille? » — « Je l'ai peu vue, mais j'en ai entendu parler. » — « N'avez-vous jamais rencontré une de ses nièces, mademoiselle d'Hertal? »

A cette question, je me hâtai de me détourner pour que le regard de Fiorina ne pût lire sur mon visage; il me paraissait si extraordinaire qu'elle me fît une semblable demande, que j'en demeurai tout interdit, ne sachant à quelle fin l'Italienne l'adressait. Je lui répondis « que, revenu depuis peu de temps de mon voyage, je n'avais paru que rarement au château d'Altorn. Je vis combien ma réponse était loin de la satisfaire : elle parut vouloir m'en dire davantage; mais tout à coup, se contraignant, elle se contenta de me prier de m'informer exactement de la vie antérieure de cette jeune personne.

« Vous m'en rendrez compte dans notre première entrevue. J'aurai soin de vous en indiquer le moment, me dit-elle. »

Elle acheva et s'éloigna sans attendre une réponse. Cette dernière partie de notre conversation me jeta dans une singulière inquiétude. J'avais beau creuser ma tête, je ne pouvais concevoir les rapports existans entre Louise et Fiorina, et la curiosité de celle-ci. Par bonheur alors je me rappelai la venue de mademoiselle d'Hertal à la cour. Je compris que sa beauté donnait de l'ombrage à l'Italienne, et de là provenaient ses questions. Après y avoir un peu réfléchi, je sortis à mon tour de la maison où je me trouvais, et toujours avec un mystère pareil à celui qui avait présidé à mon entrée.

Il était tard ; cela ne m'empêcha pas de

me rendre auprès d'Adèle, qui fit éclater son allégresse en me voyant. Je restai la soirée entière chez elle, et je me retirai chez moi. Mon sommeil fut troublé : Louise et Fiorina tour à tour occupèrent mes songes; enfin l'aurore, en se levant, me rendit ma tranquillité, et je courus chez le Comte aussitôt que l'heure m'y appela. Ce respectable ami s'aperçut, en me voyant, de l'allégresse qui était peinte sur ma figure.

« Te voilà bien joyeux, Léopold, me dit-il ; te souviendrais-tu encore de notre conversation d'hier? » — « Elle ne sortira jamais de ma mémoire, non plus que le souvenir de votre amitié; mais une rencontre imprévue a ajouté un nouveau baume à celui que déjà vous aviez versé sur mon cœur. » Alors je lui racontai rapidement ma rencontre de la veille, lorsque Louise m'était apparue comme un ange de consolation. « Il y a, dit le Comte avec un aimable dépit, un dieu ou un démon qui se mêle toujours de réunir les amans lorsqu'ils n'auraient que faire de se voir. J'espérais te cacher plusieurs jours encore la venue de mademoiselle d'Heital, et, à point nommé, tu t'es trouvé sur son passage. Maintenant tu dois savoir qu'elle a été déclarée fille d'honneur de la princesse Amélie, charge qu'elle a dû aux intrigues de la comtesse de Sebendal sa tante. On a retardé le mariage ; il n'aura pas lieu avant un ou deux ans, et pour cela encore faudra-t-il que son futur époux revienne de Danemarck, où on vient de l'envoyer avec le titre d'agent extraordinaire. »

Une seule chose me frappa d'abord dans ce rapport, c'est que Charles avait quitté l'Allemagne, et que dès long-temps il n'y reparaîtrait pour mon tourment. La réflexion ne tarda pas cependant à venir me montrer combien le choix du Prince était ridicule : plus que tout autre je pouvais apprécier le baron de Schullestein, et certes il ne m'avait jamais paru un savant diplomate. Je voulus en dire mon opinion : « C'est bon, c'est bon, me dit le Comte, ceci ne regarde pas le secrétaire du Ministre ; il ne doit point se mêler de ce que fait ou ne fait point son maître. » Je fus honteux de cette légère réprimande, et, pour l'oublier, je revins à parler de Louise.

« Mon cher Léopold, me dit le Comte, je me flatte que tu ne doutes pas de mon attachement pour toi : eh bien! c'est au nom de cette amitié que je te conjure de ne pas chercher à voir mademoiselle d'Hertal ; c'est, je le devine à tes regards, un douloureux sacrifice, mais j'en ai besoin pour assurer ton bonheur à venir. Je te le répète encore ; les amans oublient facilement ce qui leur peut déplaire ; ne va pas rôder autour de l'appartement des filles d'honneur de la Princesse, car mademoiselle d'Hertal pourrait bien se trouver à la fenêtre, et votre entrevue ne doit pas avoir lieu de quelque temps. »

J'avais bien bonne envie de me récrier sur une semblable injonction, et une envie égale d'en demander la cause ; mais le Comte savait prendre quelquefois un air si imposant, qu'on ne songeait plus à lui rien dire ; et il s'en servit en cette circonstance pour couper court à mes questions. Si je ne lui en fis pas, il ne put du moins échapper aux gronderies intérieures que je lui adressai. Je le taxai de bizarrerie, je l'accusai de caprice : que lui importait? je lui obéissais, il n'en demandait pas davantage. Ne pouvant point aller à la chancellerie du palais, quoique selon moi vingt affaires dussent m'y conduire, je tournai mes pas chez Adèle, toujours heureuse quand elle me revoyait. Je lui appris alors ce que je ne lui avais pas raconté la veille, c'est-à-dire la perfidie du fils de l'aubergiste, qui, par sa trahison, avait payé mes soins pour son avancement. Le père était venu dans la journée implorer mes bontés en faveur du coupable ; mais, comme je ne me sens aucune pitié pour un traître, je m'étais récusé, et avais envoyé M. Staup à l'audience du Ministre, dont il ne tira pas grand' chose. La résolution du comte de Valdein était arrêtée définitivement.

Voilà où j'en suis, mon ami ; tu vois que mon avenir s'éclaircit ; je ne sais, mais une voix secrète me promet le bonheur. Puis-je douter qu'elle ne réussisse pas cette promesse, quand le premier Ministre du Prince me traite comme il le ferait si je lui devais le jour. Je lui obéis, je ne cherche pas à voir Louise, et je voudrais bien qu'on n'ait pas fait la même défense à cette charmante créature, et qu'elle cherchât à me rencontrer. Je ne me reconnais plus, Lucien, je ne puis imaginer comment j'ai laissé prendre un tel empire sur moi, à ce Ministre qui m'était inconnu il y a si peu de temps encore, la vérité est que je ne songe qu'à le satisfaire, et je suis absolument subjugué par lui. Adieu, donne-moi quelquefois de tes nouvelles ; tu es heureux de ne pas aimer.

LETTRE VII.

LE COMTE EDOUARD DE SEBENDAL A HUGUES D'OLLERTAL.

Tes pronostics, chez Hugues, ne se sont pas réalisés; je suis fâché de te le dire, mais tu es un médiocre sorcier; vainement, me jugeant d'après ton âme légère, tu me jurais qu'avant un mois j'aurais perdu le souvenir de cette belle inconnue que nous admirâmes ensemble, durant notre séjour à Dresde. Eh bien! un mois, deux, trois, quatre et cinq, se sont passés et je n'ai pu boire encore, à la coupe remplie dans le Léthé, c'est-à-dire, pour te parler moins poétiquement, que je suis toujours épris de cette mystérieuse demoiselle Meisberg. Ah! que de choses je dois t'apprendre, combien je vais t'étonner par mon récit!

Je ne le commencerai point par ce que tu dois savoir comme moi; je te rappellerai seulement qu'après avoir entrevu deux fois, à la clarté douteuse de la lune, cette merveille de la création, je cherchai à me loger auprès de sa demeure; j'y parvins, tu partis sur ces entrefaites, je te dois la suite de l'histoire de mon amour. J'avais trouvé, dans une rue opposée et dans une maison de peu d'apparence, une chambre dont la petite fenêtre donnait sur le jardin de mademoiselle Meisberg; là, je passais les journées, une excellente lunette achromatique à la main, occupé à suivre les mouvements de la jeune beauté, qui, pleine de confiance en sa profonde solitude, ne se doutait pas qu'elle fût l'objet d'un pareil examen; plus je la voyais et plus je me sentais entraîné vers elle; c'est alors que souvent je réfléchissais aux inconcevables caprices avec lesquels la fortune se plaît à renverser les projets de ceux qui nous donnent le jour; comme elle donne un fils prodigue à un père avare, un héritier plein de bravoure au plus faible des mortels. Le ciel me créa ennemi du faste, d'une représentation importune, et ma mère ne trouve ses jouissances que dans les erreurs de l'ambition ; elle m'éleva pour devenir un jour habile diplomate, et la nature en avait autrement ordonné : simple dans mes goûts, la campagne, ses plaisirs tranquilles, voilà ce qu'il me faut, voilà les charmes que je souhaite dans la vie, et je voudrais être plutôt le pasteur de mon village que le grand-maréchal de la cour, charge vers laquelle ma mère a tourné, depuis ma naissance, tous ses projets, toutes ses intrigues ; et tu verras par la suite ce qu'elle a fait pour me conduire à ce but.

Je dois ici interrompre le cours de mes réflexions, et te ramener à mon observatoire où je contemplais un astre d'une nouvelle espèce. Plus je voyais Adèle, car enfin j'avais su son nom, plus je me sentais entraîné vers elle par une ivresse irrésistible. Je me préparais à aller franchement la demander en mariage à sa mère, et voici le plan que je formais dans mes délicieuses illusions. Je possède du chef de mon père d'immenses richesses, et dans le nombre des terres, qui me sont dévolues, il y en a une qui, par des successions éloignées, est jadis tombée au pouvoir de mon aïeul. Située dans une contrée étrangère, en France, dans le Languedoc, ce pays si fertile et si riant, elle est inconnue à ma mère, qui jamais, peut-être n'en entendit parler. Je faisais le rêve d'amener là mon Adèle, de m'unir avec elle, en face des autels et selon les lois de ce royaume, et d'oublier tout à la fois ma naissance, mon orgueil, que j'eusse échangés contre le bonheur de la vie, et certes je ne me fusse pas plaint de mon lot.

Je voyais bien que madame Meisberg jouissait d'un peu d'aisance, mais elle n'était pas riche; dès lors, je me flattais d'éprouver moins d'obstacles à mon union avec sa fille; ce n'est point dans la condition de la médiocrité qu'on rencontre ces difficultés à assortir un mariage; la Providence les a réservées aux Grands: c'est à eux qu'elle garde toutes ces tribulations de l'existence, en retour de cette apparence de prospérité dont elle semble les environner. Je savais bien que je contrarierais ma mère, qu'elle ne me pardonnerait pas ce qu'elle appellerait mon déshonneur; mais, malgré ma tendresse pour elle, je n'ai pu méconnaître qu'elle a rarement cherche à me contenter: son ambition l'a rendue insensible aux caresses de mon enfance; elle n'a jamais vu en moi son fils, mais bien le soutien de sa maison, la colonne de ses grandeurs futures.

« Va faire ta cour au Prince, me disait-elle dans mon bas âge, lorsque j'eusse voulu me divertir avec mes égaux; ne dois-tu pas redouter qu'Ernest de Mansdorf ne l'emporte sur toi; il aura la faveur de Henri, il l'aura, j'en suis assurée, et toi tu ne seras que le second dans ses affections. » Voilà ce qu'elle me repétait sans r lâche; tandis que peu curieux de me rencontrer avec un enfant de mon âge, qui m'arrachait mes joujoux, et me battait encore quand il lui en prenait fantaisie, je ne songeais qu'aux moyens de l'éviter.

Un jour, où presque par force on m'avait

conduit au château, je voulus me refuser à me mettre par terre en guise de cheval. Henri était armé d'un long fouet, avec lequel il prétendait me faire courir : ma résistance l'irrita, il me frappa violemment sur la tête, et le sang en jaillit aussitôt. Dès que le Prince eut vu l'effet de sa brutalité, il se mit à jeter les hauts cris, à sauter à mon cou et à me demander pardon, car la bonté formait le fond de son caractère, et il n'était méchant que parce qu'il était mal élevé. Je pouvais bien l'excuser, mais non continuer de jouer ensemble; je me retirai, et mes domestiques m'emportèrent à notre demeure. Je parus devant ma mère, pâle, défiguré, le visage meurtri et le front enveloppé de linges ensanglantés. Eh bien! la comtesse de Sebendal, en apprenant la cause de mon accident, me demande avec vivacité: «J'espère au moins, mon fils, que vous ne vous êtes pas permis de frapper, à votre tour, le Prince, et que vous n'avez pas méconnu le respect que vous lui devez?»

Hugues, j'avais douze ans alors; eh bien! je te jure que je frémis au propos de ma mère; et mon cœur, je l'avoue à ma honte, se ferma pour elle en ce moment. Il n'a pu lui rendre son amitié qu'à mesure que le temps est venu effacer cette impression funeste. Le lendemain de ce jour, elle me commanda d'aller remercier le Prince, qui avait eu, disait-elle, la bonté d'envoyer, par deux fois, un de ses écuyers, pour savoir des nouvelles de ma santé. Malgré ma jeunesse, je me révoltai contre cet ordre; je declarai impérieusement que je ne m'y soumettrais pas, et qu'on ne me verrait pas revenir chez un brutal qui avait failli m'assassiner. Il t'eût fallu voir ma mère pour comprendre l'excès de son désespoir, lorsqu'elle m'entendit proférer ces terribles paroles : elle ne pouvait imaginer qu'une avance d'un Prince ne me contentât pas, et, à travers sa colère, il était plaisant de l'entendre déduire tous les avantages qu'il y avait à se laisser assommer par le fils de son souverain; mais elle eut beau s'y prendre de toute manière, je fus inflexible, et elle n'osa pas employer la force pour m'y contraindre, car je jurai de rosser à mon tour Son Altesse, si Son Altesse me maltraitait de nouveau.

A la suite de cette scène, je fus mis au collége, et là j'appris mieux encore à apprécier les hommes. Je vis les plus misérables se montrer presque toujours les plus studieux ; je vis mes égaux croire tout savoir, parce qu'on payait pour eux de fortes sommes à leurs maîtres ; enfin j'en conclus qu'il n'existe, chez la race d'Adam, que deux distinctions incontestables, celle des talens, celle de la beauté ou de la force ; le reste est folie et hochet pour l'humanité.

Après cette longue disgression, à laquelle je me suis laissé aller malgré moi, pour te faire connaître par quelle pente naturelle je me suis laissé entraîner vers Adèle, je re-reviendrai à mon amour pour cette aimable créature. Un jour où je me rendis à mon observatoire plus tard que de coutume, je fus surpris de ne pas la voir paraître ; j'en conclus qu'elle s'était retirée avant son heure ordinaire, et je sortis d'assez mauvaise humeur. Les deux jours suivans, il fit une pluie très-forte, et personne ne se montra dans le jardin ; le quatrième jour, le soleil brillait dans tout son éclat, et Adèle ne parut pas encore. Je commençai à éprouver de l'inquiétude : « Serait-elle malade ? » m'écriai-je, et prenant une subite résolution, je ne balance plus à aller parler directement à sa mère. J'arrive devant leur maison, je vois que toutes les fenêtres en sont soigneusement fermées, je frappe : on ne me répond pas. Enfin une bonne femme du quartier, voyant ma persévérance à heurter, m'apprend que, depuis quatre jours, madame Meisberg et sa fille sont parties pour Brême ou pour la résidence. Je fus consterné d'une semblable nouvelle, et, rassemblant mes forces, je résolus de les suivre dans ces deux villes.

A peine voulus-je donner à mes gens le temps de faire quelques preparatifs de voyage, et plein d'impatience, d'amour et de regret, je montai dans ma voiture, que de rapides chevaux de poste ne tardèrent pas à entraîner. Je fus à Brême ; cette course me devint inutile : madame Meisberg ni sa fille n'étaient venues à Brême. Je parcourus cette ville, ainsi que tous les villages voisins ; deux mois se passèrent dans cette course infructueuse, et je dus abandonner des recherches faites sans succès. Il me restait l'espoir de retrouver ma belle maîtresse, car je me plaisais à lui donner ce nom, dans notre résidence ; je m'y rendis, et je ne fus pas plus heureux : madame Meisberg avait entièrement disparu, et mes recherches les plus minutieuses ne me procurèrent aucun résultat satisfaisant.

Tandis que le désespoir remplissait mon âme, on s'intriguait autour de moi pour me faire prendre une femme, et en même temps on voulait me détourner d'un amour nouveau que ma mère redoutait, non qu'elle connût ma passion cachée ; mais comme elle avait introduit dans notre intérieur une jeune et belle parente, elle craignait que son fils, venant à l'aimer d'amour, ne renversât les projets qu'elle avait formés, et que j'ai devinés sans peine. Ici je dois m'expliquer par ordre, et successivement te faire connaître où voulait aboutir une double intrigue, ourdie avec soin, mais qui ne pouvait tromper un fils trop clairvoyant et accoutumé à deviner sa mère dans toutes ses entreprises.

Le baron de Worms, grand-maréchal du palais, l'homme le moins aimable de la cour, et, par suite, le plus ambitieux, est lié avec la Comtesse depuis de longues années : ils ont même l'apparence d'un couple de véritables amis, ce qui n'empêche pas que, parfois, ils ne se déchirent réciproquement lorsque l'occasion se présente de le faire. Il faut néanmoins convenir que leur liaison paraît intime, et qu'on croirait leurs intérêts étroitement liés. Ma mère a, je ne sais comment, inspiré au Maréchal le désir de remplacer le comte de Waldein dans les fonctions importantes de premier Ministre, et le baron de Worms, dont l'incapacité est sans pareille, a donné dans ce projet avec toute l'avidité d'un homme sans talens et pourtant rempli d'amour-propre; mais, pour monter à ce poste éminent, il faut faire jouer des ressorts, employer des moyens hors de la portée du grand-maréchal, et c'est ici que commence le rôle de ma mère, dont on ne conteste pas l'esprit et les ressources puissantes.

Ne pouvant se flatter de réussir par les voies ordinaires, ni éblouir le Prince, à qui le grand-maréchal est parfaitement connu, il a été décidé qu'il fallait le conduire au but qu'on se propose en attaquant son cœur, en chassant une altière favorite qui gouverne le Maître, tu la connais, et en la remplaçant par une nouvelle amie (je me sers du mot en usage) prise parmi les jeunes personnes sur lesquelles la Comtesse pourrait espérer de conserver long-temps de l'influence et un empire despotique. Ce n'était pas facile; car dans le pays où nous sommes chacun a ses projets, et l'on pouvait craindre de heurter une ambition inconnue, qui tout à coup éclaterait quand elle en aurait le pouvoir.

Le baron de Worms a bien une fille ; mais comme depuis sa tendre jeunesse elle a été mise sous les yeux du Prince sans qu'il ait daigné la remarquer, on n'a pu raisonnablement espérer de se servir d'elle; et puisque le Prince n'en voulait pas, on a décidé que ce serait moi qui en voudrait, et l'on a renoncé dès ce moment au projet de me marier avec mademoiselle de Handel, dont je t'ai parlé quelquefois. Ce plan arrêté, sans même me le communiquer, mes refus étant trop à craindre, tout à coup la Comtesse m'a vanté avec une effusion extrême l'excellence de Vilhelmine, c'est le nom de la fille du Baron : rien ne pouvait égaler la bonté de son caractère et la perfection de ses charmes. Dès lors mademoiselle de Worms est devenue la compagne obligée de ma mère ; elle a dîné, soupé avec nous ; elle ne passe plus ses journées chez son père ; elle ne nous quitte pas un seul moment.

Je n'ai pas tardé à m'apercevoir de ce manége, et j'ai eu pitié de Wilhelmine. Élevée à la cour, imbue des maximes de ce lieu que je ne puis souffrir, elle se flatte également de conduire son intrigue, elle m'attaque avec les armes de la coquetterie, car la pauvre fille ne connaît pas le pouvoir de la simplicité, ce charme irrésistible de la candeur et de l'innocence. Un jour, où, indécemment vêtue, elle s'offrait sans honte à mes regards, ma mère vient se placer près de moi comme par hasard, entame une conversation insignifiante, puis s'interrompant, elle me dit à voix basse : « Connaissez-vous quelque chose qu'on puisse comparer au buste de Wilhelmine ? mon Dieu ! la séduisante personne. »

— « Je ne pense pas comme vous, madame ; l'indécence d'un costume ne me séduit jamais. » — « Voilà un propos bien injuste ! Wilhelmine est habillée comme tout le monde ; ses robes, d'ailleurs, ajouta la Comtesse avec un accent triomphant, sont taillées sur le patron de celles de la Princesse. » — « Ce n'est point encore sur ce patron que je réglerai mon opinion, et jamais je ne pourrai applaudir à une parure qui éloigne les désirs en chassant la pudeur. »

Ma mère demeura confondue; elle me quitta, fut dire deux mots à Wilhelmine, et le lendemain mademoiselle de Worms avait une robe qui lui montait jusqu'à son cou. Tous les jours, si l'on répète de pareilles scènes de comédies, je dois devenir épris des charmes de cette jeune personne, car la Comtesse l'a décidé, et Wilhelmine, sans m'aimer, j'en suis certain, entre dans ses vues, parce que ce manége a l'air d'une intrigue, et que d'ailleurs, comme elle veut être mariée, peu lui importe que ce soit avec moi ou avec un autre, mais elle obéit à ses parens.

Je t'ai dit que, ne pouvant faire d'elle la favorite du Prince, celle-ci devait être prise ailleurs. A force de chercher, le hasard ou le diable, car ce dernier fait sans doute ce métier, ont procuré à la Comtesse une merveille de la nature, une jeune fille qui possède tout ce qui manque à mademoiselle de Worms, et que j'aurais aimée avec délices, si mon cœur n'était pas enchaîné. Le croirais-tu, Hugues? oui, tu le croiras, car comme moi n'habites-tu pas une cour? La Comtesse n'a pas eu honte de choisir sa nièce, la propre fille de sa sœur; il est vrai que l'on ne pourrait trouver une beauté plus parfaite, une âme plus noble et de plus dignes sentimens. Oh! comme la Comtesse a dû être joyeuse en amenant avec elle cette magnifique proie.

Mademoiselle d'Hertal, orpheline et malheureuse, a été repoussée dans son enfance par tous ses parens; mon oncle, le comte d'Altorn, seul, consentit à s'en charger; Louise, ainsi s'appelle ma cousine, a passé sa jeunesse dans le château d'Obernoff; ma mère à peine l'a vue trois fois dans dix ans; son indifférence pour elle était complète : ce n'est plus la même chose maintenant; on a vu le parti qu'on pouvait tirer de cette belle créature, sur-le-champ les ressources de l'intrigue ont été mises en jeu, et mademoiselle d'Hertal a obtenu la charge de Fille d'honneur, vacante par la démission forcée de mademoiselle de Valpurg, et elle a éte introduite dans la maison de ma mère. Durant trois mois elle a eté tenue comme en secret; on l'a fatiguée à force de vouloir lui faire oublier ce que lui avait appris la nature, pour apprendre à la place les manières qui plaisent tant à la cour. En même temps ma mère éprouvait une autre crainte, celle que je ne sentisse tout le mérite de ma cousine, et que, n'en devenant amoureux, je ne voulusse plus la main de Wilhelmine.

Ceci aurait pu arriver si j'avais oublié Adèle; mais on ne peut prendre deux places dans mon cœur, et, sans me livrer à une admiration exclusive pour Louise, je n'en suis pas moins resté froid pour mademoiselle de Worms. Ma cousine allait épouser, au moment où ma mère l'a presque enlevée, un baron de Schullestein, qui en était éperdument épris. Si mes conjectures sont justes, sa passion n'était pas partagée par Louise; tout au contraire, j'ai cru voir que celle-ci obéissait à ses parens, et non aux sentimens de son âme: aussi a-t-elle vu avec joie le départ de son époux futur, qui, par suite d'une intrigue de cour, vient d'être envoyé ministre extraordinaire en Danemarck; je serais bien trompé si le Prince ne commence pas à être pour quelque chose dans cette décision qui a surpris toute la résidence.

Mais le baron Charles de Schullestein n'est pas le seul adorateur de ma cousine; un second s'est mis sur les rangs; tu le connais, et comme moi tu l'apprécies: c'est le premier chambellan, comte Ernest de Mansdorf, prétendu ami du Prince dès son enfance, et bien certainement son lâche complaisant. Depuis cette époque, Mansdorf, qu'on s'est bien gardé de mettre du secret, n'a pas imaginé quel était le motif de la dame d'honneur en amenant sa nièce à la residence, et il a cru pouvoir se présenter comme amant. Cete action avait d'abord déplu à la Comtesse; puis, en y refléchissant mieux, elle y a vu un autre moyen de succès, car elle sait Ernest par cœur, elle l'apprécie, elle le juge ce qu'il vaut: dès lors, elle a pensé qu'il ne serait pas un obstacle à ses projets, et que, courtisan avant tout, il ne contredirait pas les volontés du Prince. Que te dirai-je encore? Il y en a pour en frémir, quand on descend dans les profondeurs de l'âme d'un courtisan, s'il est vrai que les gens de cette espèce puissent en avoir une.

Louise, seule, est étrangère à toutes ces manœuvres dont elle ne peut apprécier la perversité: elle ne voit que les plaisirs de son âge et les agrémens de sa place, et si une secrète mélancolie, dont la cause m'est inconnue, n'éclatait parfois sur sa charmante figure, je la croirais heureuse. Cependant moi aussi j'ai formé mon complot. mais il ne sera pas desavoué par le ciel, puisqu'il ne doit tendre qu'à sauver l'innocence; je ne puis encore le faire éclater, mais, je te le jure, Louise ne sera pas odieusement vendue. Ce que je redoutais pourtant est arrivé; la présentation a eu lieu, le Prince a paru ébloui des grâces de mademoiselle d'Hertal; juge de l'allégresse de ma mère et des siens, et de la fureur de l'impérieuse Marquise. Dès ce moment les ennemis ont été en présence, et nous sommes aujourd'hui dans la chaleur du combat. Je t'en donnerai les détails dans la suite; maintenant je dois te parler de moi, et ce sera dans la prochaine lettre, car celle-ci me semble déjà trop longue.

LETTRE VIII.

LE COMTE ÉDOUARD DE SEBENDAL A HUGUES D'OBERSTAT.

Ennuyé des soins qu'on voulait me forcer à rendre à mademoiselle de Worms, dégoûté plus que jamais d'elle, surtout depuis que j'ai acquis la preuve que cette beauté *ingénue* est entrée dans le complot de ma mère contre mademoiselle d'Hertal, je fuyais notre hôtel le plus qu'il m'était possible, et je cherchais au dehors le repos que mon intérieur me refusait. Dans mes courses solitaires, une seule pensée m'occupait, je ne rêvais qu'à l'intéressante Adèle, et déplorais amèrement la fatalité d'un voyage qui paraissait m'avoir séparé d'elle.

Un jour, que mes idées me ramenaient plus péniblement sur ce sujet douloureux, je me rappelai tout à coup que peut-être ces dames, après avoir terminé leurs affaires à la résidence ou à Brême, pouvaient être revenues à Dresde, et qu'il serait croyable que je les retrouverais dans cette ville. Je tressaillis à cette pensée qui me parut excellente; je formai le dessein de m'y rendre, et de me mettre en route dès le jour suivant. Je voulus alors abréger ma promenade, et retourner à l'hôtel, pour faire mes préparatifs de voyage, quand je m'aperçus que j'étais auprès du cimetière public, où depuis long-temps je souhaitais d'entrer: un de mes amis de collége y avait été enseveli, et je n'avais pas été donner une larme à sa mémoire, dans son dernier asile.

Je dépassai la porte, et cherchai des yeux le mausolée dont on m'avait fait la description, lorsque je vis tout à côté de moi une jeune personne vêtue de noir, et agenouillée sur une simple pierre: une femme de chambre l'accompagnait. Son action me toucha, et je fus curieux de la connaître.

Je me plaçai au bord du sentier, par où elle devait passer pour s'en retourner. Ah! cher Hugues! quel sentiment s'éleva dans mon âme, lorsque dans cette inconnue désolée je reconnus mademoiselle Meisberg! Non, je ne pourrai jamais te décrire la joie qui me transporta; c'était Adèle, oui, je ne me trompais pas, et elle pleurait sans doute la perte de sa mère. Cette idée me donna en même temps un vif chagrin; mais je remerciai le ciel de cette rencontre, et je me promis de ne point perdre de vue l'objet de mon constant amour. Je la suivis le plus discrètement possible, et elle entra dans une assez jolie maison du faubourg. J'attendis long-temps, pour me convaincre qu'elle n'en ressortirait pas, et quand j'eus la certitude qu'elle était chez elle, alors seulement je me retirai.

Tous mes projets étaient changés, et je ne songeai plus à m'éloigner de la résidence. Il était pourtant nécessaire de prendre des informations, pour tâcher de m'introduire auprès d'Adèle, et pour savoir parfaitement ce que je désirais d'apprendre. Je résolus d'employer les talens de mon valet de chambre, qui ne demandait pas mieux que de se trouver mêlé dans une intrigue quelconque, dont il espérait tirer parti pour ses intérêts. Au premier mot que je lui en dis, il prit feu, et s'engagea, sous deux fois vingt-quatre heures, à me savoir dire tout ce que je pourrais lui demander. Je lui promis une récompense digne d'un tel service, et je lui recommandai surtout une extrême discrétion.

Birmann n'en demandait pas autant; aussi renouvela-t-il ses promesses avec plus de zèle. Il partit, et je m'abandonnai absolument à son adresse.

Depuis ce moment, je parus tout autre dans le monde; ma mère, à qui rien n'échappait, s'aperçut au bout d'une heure que j'étais devenu plus gai; je causai en riant avec ma cousine, et je devins presque galant auprès de mademoiselle de Worms. La Comtesse en éprouva une extrême surprise, et, diplomatiquement, elle essaya de savoir de moi quel motif me donnait cet air qui ne m'était plus ordinaire. C'était mon secret, et certes, mon ami, ce n'eût pas été à elle que j'eusse voulu l'apprendre : Dieu sait quelle eût été son courroux. Je me déguisai le mieux qu'il me fut possible; et mon allégresse cacha mon impatience; elle était grande : je craignais que Birmann ne pût réussir.

Cette inquiétude était vaine: il entra dans mon cabinet au jour et à l'heure qu'il m'avait dit. « Eh bien ! m'écriai-je en le voyant paraître, que me diras-tu? Es-tu parvenu à savoir quelque chose? » — « Vous en jugerez, monsieur le Comte, me dit-il, d'un ton modeste, et comme quelqu'un qui est sûr de son fait. Mademoiselle Meisberg a perdu sa mère, il y a plusieurs mois; elles étaient venues à la résidence pour se réconcilier avec le comte de Waldein, qui est leur parent; la mère n'a pu voir ce rapprochement avant sa mort, mais le premier Ministre, en apprenant la fin de sa cousine, a donné à mademoiselle

Meisberg la maison qu'elle occupe, et a pris son frère pour son principal secrétaire. » — « Que me dis-tu là Birmann? Adèle aurait un frère? » — « Oui, Excellence, un très-beau garçon, dit-on, et d'un parfait caractère ; il loge dans la ville, et va tous les jours passer plusieurs heures avec sa sœur. N'êtes-vous pas satisfait du résultat de mes démarches, et ne vous ai-je pas tenu tous mes engagemens ? »

— « Je ne puis mieux te le prouver qu'en augmentant ta récompense ; mais ce n'est pas tout, mon garçon, il faut m'introduire dans la maison par quelque ruse que tu inventeras. » — « Monsieur le Comte, me dit-il, ceci commence à devenir plus difficile. Il ne fait pas bon à se jouer à plus fort que soi, et le premier Ministre pourrait bien trouver mauvais que je voulusse disposer ainsi de sa parente. » — « Voilà, Birmann, lui répliquai-je, une crainte bien ridicule : qui parle de vous compromettre? et comment pourriez-vous l'être en ceci? Ce n'est pas vous qui vous mettrez en avant ce sera moi, et si le Ministre se fâche, j'aurai seul à faire à lui. »

— « Je sais bien que vous êtes le plus intéressé à la chose, mais quand ces sortes d'aventures éclatent, il est si ordinaire de les faire retomber sur les confidens, et j'en ai vu tant d'exemples.... » — « Va, je paierai si bien ton service, que tu seras toujours à l'abri des événemens. » — « Vous me décidez : je vais rêver au parti que nous pourrions prendre, et je ne tarderai pas à vous venir étaler le plan que je vais imaginer. » Il dit, et me quitte. Le jour suivant je le revois. « Monsieur, me dit-il, j'ai tâté cette maison de toutes les manières, je ne vois aucun moyen d'y pénétrer ; on n'y reçoit personne, et le frère n'entend pas la raillerie, à ce que m'a dit le jardinier. J'ai cependant essayé d'attendrir ce dernier, et de vous le rendre favorable ; je vous ai peint à lui comme un très-grand seigneur, et vous l'êtes, qui depuis long-temps êtes passionnément amoureux de mademoiselle Meisberg ; j'ai dit que vous aviez le caractère romanesque, et que vous ne vouliez vous marier que lorsque vous aurez eu la certitude d'être aimé pour vous-même enfin. J'ai tant parlé, j'ai tant promis, que si le cœur vous en dit, vous pouvez, dès demain, endosser une veste de garçon jardinier, et vous présenter chez votre maîtresse. Barrow m'a promis de vous engager. »

Je faillis embrasser le coquin qui me racontait ainsi ses prouesses, et je lui dis que je ne demandais pas mieux, et que j'allais feindre un voyage qui me faciliterait les moyens de me déguiser tout à mon aise. « Non, monsieur, me dit-il, la chose n'est pas nécessaire; j'ai pris mes mesures avec Barrow, vous ne coucherez pas chez lui, il n'a pas voulu y consentir; vous viendrez seulement au jardin dans la journée, et vous profiterez de l'occasion si elle se présente. »

Je me rendis à ce que me dit Birmann, et le lendemain je fus chez sa mère où il m'avait préparé une chambre; là, je troquai mes habits brodés contre le plus simple vêtement, et, tout rempli de mon amour, je pris le chemin de la demeure de la séduisante Adèle.

Le jardinier, d'après nos conventions, ne parut pas me connaître. La frayeur qu'il avait du Ministre l'avait engagé à faire un mystère de notre entreprise à sa famille, il redoutait l'indiscrétion de sa femme et de ses filles, qui n'étaient nullement soustraites à l'influence du sexe; si bien que je ne fus pour elles qu'un simple garçon jardinier. On me donna sur-le-champ mon emploi; je fus chargé du soin de ratisser les allées, et de veiller sur les fleurs. Je devais par-là me trouver en prompt rapport avec Adèle, qui aimait les aimables productions de la nature, et qui, chaque jour, cultivait elle-même les corbeilles du jardin.

Je n'étais pas novice dans mes fonctions nouvelles : amateur aussi du jardinage, j'avais fait souvent pour mon plaisir ce que je faisais maintenant dans l'intérêt de mon amour. Je ne tardai pas à recueillir le fruit de mon entreprise. Vers les dix heures du matin, Adèle descendit, et je pus la contempler toute à mon aise. Elle était, comme le dit si élégamment un poëte français,

Dans le simple appareil
D'une beauté qu'on vient d'arracher au sommeil.

et ses charmes sans apprêts n'en éclataient que davantage. Je ne crus pas qu'il fût convenable de chercher d'abord à me faire remarquer, et je renfermai mon amour sous un air d'indifférence. Adèle fut la première à me parler. Elle me demanda depuis quand j'étais au service du jardinier, je lui répondis que c'était dès la veille : ma voix, malgré moi, exprima tant mon émotion, qu'Adèle s'en aperçut, et me jeta un regard qui pénétra jusqu'à mon cœur.

« Vous êtes bien faible, me dit-elle; seriez-vous malade? » — « Je ne me porte pas bien, lui dis-je; mes forces se sont épuisées à la suite d'un long voyage que je viens de faire, et comme je l'ai entrepris à pied, je ne suis pas encore remis dans mon assiette ordinaire : j'arrive de Dresde. » — « De Dresde ! me dit-elle, et en quel quartier logiez-vous? » — « Dans la rue du Casque, lui répliquai-je, espérant attirer par-là davantage son attention ; car c'était la même où elle avait demeuré avec sa mère. »

— « Voilà, me dit-elle, une bizarre rencontre ; notre maison était pareillement dans cette rue. » — « Oh ! je le sais bien, mademoiselle, j'ai eu souvent le plaisir de vous y rencontrer. » — « Cela peut être, dit Adèle avec froideur, et tout à coup elle s'éloigna. » Je regrettai alors mon imprudence, car il pourrait bien se faire qu'elle imaginât que mon discours et mon entrée à son service ne cachassent un mystère. Cependant, au chagrin qui se peignit sur son visage, je crus devoir attribuer sa retraite au souvenir de sa mère que je lui avais involontairement retracé, en lui parlant d'une ville où elle avait vécu auprès d'elle.

A mon tour je m'éloignai sans affectation, et je ne la revis plus de la journée. Le lendemain, de bonne heure, elle descendit encore dans le jardin; mais, pour cette fois, elle se trouvait avec son frère, et ils ne s'approchèrent pas de moi. Je n'ai pas vu d'hommes dont l'extérieur soit plus agréable que celui du jeune Meisberg; jamais on ne vit sur un visage tant de noblesse, de fierté et de franchise. Il me parut certain qu'un tel personnage devait être un rival redoutable, si par hasard on aimait la même personne que lui. Il paraît chérir tendrement sa sœur, et celle-ci le paie d'un égal attachement; ils se promenèrent se tenant toujours par la main, et leurs gestes, leur doux rire, annonçaient le parfait contentement de leur âme. Je m'avançai insensiblement d'eux, et je pus entendre les dernières paroles qu'ils se dirent. Le frère, qui se nomme Léopold, instruisit Adèle que le Ministre la viendrait voir le lendemain, et j'appris qu'elle ne le connaissait pas encore; j'en fus surpris, ne pouvant pas imaginer que le comte de Waldein n'eût point cherché à connaître sa parente lorsqu'il la logeait chez lui.

Je fus charmé d'avoir été instruit de cette visite. Je me promis bien de ne pas venir ce jour-là, car j'aurais pu être rencontré par le Ministre, et sans doute il me reconnaîtrait. Je le dis au jardinier, qui, plus effrayé que moi, partagea mon opinion, et il décida que le lendemain il me donnait vacance. Le reste de la journée, mes soins pour me rapprocher d'Adèle furent vains. Elle ne parut plus dans le jardin, et je le quittai à l'entrée de la nuit. Voilà où j'en suis. Je t'en apprendrai davantage à mesure que les événemens marcheront, et si Adèle y consent, je te jure que tu pourras bientôt la saluer du titre de comtesse de Sebendal.

CHAPITRE XXXI.

L'enfer, avec ses malices, est caché dans cette jeune fille. CYRANO DE BERGERAC.

EDOUARD de Sebendal ne se trompait point dans ses conjectures. La jeune Wilhelmine, digne fille du grand-maréchal son père, était aussi de la conspiration, si l'on peut honorer de ce nom un complot infâme, destiné à perdre mademoiselle d'Hertal. Elle avait reçu la commission de tâcher de séduire le cœur de l'Orpheline, et de lui inspirer insensiblement la perversité des cours. Wilhelmine se prêtait avec d'autant plus de plaisir à cette action criminelle, que plus elle voyait Louise et moins elle pouvait l'aimer. Les crimes de cette dernière étaient énormes à ses yeux : on ne pouvait les nier. Premièrement ses charmes avaient obtenu les hommages du Prince, gloire que mademoiselle de Worms avait brigué vainement ; Louise, pour second grief, était parvenue dès le premier moment, à se faire aimer du comte de Mansdorf, que Wilhelmine aurait en secret préféré à Édouard ; celui-ci même ne cachait pas son admiration pour sa belle cousine, et certes, ces trois triomphes bien complets et surtout incontestables, étaient de ces choses qu'une femme ne pardonne jamais.

Wilhelmine, dans sa colère, voyant la simplicité de la nouvelle fille d'honneur, crut qu'elle pourrait avec facilité la faire tomber dans le piége. Par les avis de son père et de la Comtesse, elle essaya de gagner sa confiance et ce ne lui fut pas difficile. Louise, simple et sans arrière-pensée, avait besoin de trouver une amie, et hors un seul secret qu'elle réservait et qu'on ne pouvait deviner, elle était disposée à apprendre à mademoiselle de Worms tout ce que celle-ci désirait savoir. Louise s'abandonna avec plaisir aux avances de Wilhelmine; elle se montra reconnaissante des marques d'intérêt qu'elle lui prodigua, et elle répondit franchement à ses avances. Un jour qu'elles étaient ensemble, Louise désira descendre dans le jardin du palais. La Comtesse, depuis quelque-temps, avait abandonné son hôtel, pour venir se loger dans un appartement voisin de celui de la Princesse, sous prétexte d'être plus à portée de faire son service, mais dans le fait pour rapprocher sa nièce du Souverain.

Un jour, disons-nous, les deux jeunes personnes sortirent ensemble dans le jardin particulier de leurs Altesses; elles se promenèrent pendant quelque temps, en parlant de choses indifférentes; enfin, Wilhelmine, du ton le plus naturel, demanda à l'orpheline si elle avait eu des nouvelles du baron de Schullestein; cette question fit rougir celle à qui on l'adressa, et elle répliqua qu'elle n'était pas en correspondance avec le ministre extraordinaire.

« Cela m'eût paru convenable, dit mademoiselle de Worms; car, enfin, vous êtes promise et votre mariage est résolu, à votre mutuelle satisfaction, à ce que l'on assure. » — « Ceci est autre chose, répliqua Louise, et je ne sens pas trop ce contentement dont vous me parlez. » — « Votre union serait-elle contraire à vos désirs secrets. » — « Hélas ! conclue au gré de toute ma famille, elle n'a jamais obtenu mon consentement. Je connais trop le baron Charles, pour souhaiter de lui appartenir, et le moment de son retour sera l'instant le plus pénible de ma vie ! » — « Bon Dieu ! que me dites-vous là ? Mais ici chacun croit le contraire : on en est si persuadé, que le Prince, partageant l'opinion commune et dont la bonté est si parfaite, se reprochait hier d'avoir fait partir votre fiancé, et disait à mon père qu'il ne tarderait pas à le rappeler. »

— « Il aurait là une méchante idée. »

— « Vous ne pourriez lui en vouloir, car cet aimable souverain n'agirait que dans l'intention de vous êtes agréable. » — « Il se tromperait étrangement, et je serais heureuse si la vérité pouvait lui être connue. » — « La chose est assez facile. » — « Eh! comment parvenir à la lui apprendre. » — « Parlez-lui-en vous-même. » — « Moi, Wilhelmine! y pensez-vous? » — « Et pourquoi, je vous prie, craindriez-vous de le faire? Vous paraît-il d'un abord difficile? Je doute qu'on puisse trouver un Prince dont l'affabilité soit supérieure à la sienne. »

— « Je n'en disconviens pas, mais enfin je n'oserais me résoudre à lui faire connaître l'état de mon cœur. » — « Je ne sais pour quelle raison vous auriez peur de le faire. J'ai entendu l'autre jour madame de Sebendal vous rappeler que vous aviez à remercier le Prince de la faveur signalée qu'il avait accordée au baron Charles; que ce soin vous regardait comme sa fiancée. Eh bien! à votre place, je profiterais de la circonstance; je parlerais au Prince, non dans le sens qu'on vous a recommandé, mais je l'instruirais de mes sentimens véritables, et je parviendrais sans peine à le ranger de mon parti. » — « Que j'aurais envie de vous croire, Wilhelmine; mais je crains que cette démarche ne soit contraire à la modestie et à la retenue naturelle à notre sexe. »

— « Vous vous faites là de plaisans scrupules. Je vous assure qu'à la cour on n'est point arrêté pour une chose pareille. D'ailleurs, notre Maître est pour nous aussi respectable qu'un père : nous sommes ses enfans. Le devoir, la vertu même, nous ordonnent de lui confier nos plus secrètes pensées. Soyez sans inquiétude sur ce point; nul ne jugera que vous ayez manqué aux lois de la bienséance. L'essentiel, dans votre situation, est d'éluder, de retarder un mariage qui ne peut vous convenir. Le reste ne doit rien vous être; d'ailleurs, j'ai la certitude que si vous vous expliquez au Prince, il deviendra sur-le-champ votre plus zélé protecteur. Vous ne vous apercevez pas, Louise, avec quelle bonté il vous a parlé hier encore. Je ne doute pas que vous ne prissiez un grand empire sur son âme, si vous le vouliez ; et certes, ce serait pour vous une grande victoire que de le rendre à ses devoirs, et de nous délivrer de cette Italienne que chacun ici ne peut souffrir. »

— « Et comment aurai-je le pouvoir de l'arracher aux fers de cette femme, moi, qu'il ne connaît pas, moi, qui ne pourrais avoir sur lui l'ascendant de l'âge, de l'intimité ou de l'expérience ? »

Wilhelmine, à ces mots, regarda attentivement Louise pour se convaincre si celle-ci parlait avec franchise et ne cherchait pas à la mystifier ; mais le front de l'orpheline était calme et la seule innocence y brillait de tout son éclat. Elle vit alors d'une manière incontestable que la fille d'honneur était loin d'être à la hauteur de sa position, et du rôle qu'elle pouvait jouer, et à cette découverte un sentiment de mépris s'éleva dans son âme ; car elle ne crut plus à l'esprit de mademoiselle d'Hertal. Cependant elle lui répliqua :

» On n'a pas besoin de tout ce que vous venez de me citer pour changer les dispositions de son Altesse ; il y a mille façons de lui montrer ce qu'on desire qu'elle apprenne ; mais dans ce moment un seul point vous doit occuper, celui d'empêcher qu'on ne rappelle votre fiancé, et je ne puis trop vous recommander de lui apprendre la vérité le plus promptement qu'il vous sera possible. » — « Allons, il faudra bien m'y résoudre. Mais à propos, Wilhelmine, ne serait-il pas plus convenable que j'ouvrisse mon cœur à notre excellente maîtresse, la Princesse régnante ? Ne prendrait-elle pas à mon sort un plus vif intérêt, si je la priais de parler pour moi à son époux. »

— « Ce serait justement gâter vos affaires au lieu de les avancer. Comment ne vous êtes-vous pas aperçu que leurs Altesses, en gardant les dehors d'une parfaite intelligence, sont cependant étrangers l'un à l'autre : voilà ce qui nous désespère tous ;

car nous aimons passionnément Amélie. Ah ! quel amour ne mériterait pas de nous tous, celle qui, employant son ascendant à toucher le cœur du Prince, commencerait d'abord par le ravir à la Marquise, et puis, par une pente insensible, le ramènerait à sa digne épouse. Que cette conduite serait estimable ! Ce serait remporter le triomphe le plus pur et le plus glorieux. »

Ici, Wilhelmine s'arrêta : elle en avait assez dit pour la première fois ; elle jugea inutile de prolonger une conversation qui pourrait dès l'abord trop éclairer Louise. Mademoiselle d'Hertal, de son côté, cherchait à se donner du courage pour entretenir le Prince, et réfléchissait aux moyens de lui parler facilement. Elle fit part de ce désir à sa confidente. « Rien n'est plus aisé, lui répliqua-t-elle, et je me charge de vous servir de telle manière, que vous pourrez causer avec lui sans témoin. Je suis certaine, maintenant que madame de Sebendal habite le palais, que son Altesse viendra souvent passer les après-dîners chez elle ; nous choisirons un jour où nous serons seules avec lui. Sous un prétexte quelconque, j'engagerai votre tante à sortir avec moi, et alors, n'étant plus gênée par la présence d'aucun importun, vous pourrez vous expliquer plus à votre aise. »

Ce moyen parut simple à Louise, et elle en remercia vivement Wilhelmine, la qualifiant du titre de bonne amie. Hélas! l'innocente fille ne se doutait pas que le crime venait de lui parler et de la faire tomber dans la première embûche qu'on lui avait tendue. Les jeunes personnes ayant fini leur promenade, remontèrent chez madame de Sebendal, et Wilhelmine trouva le moyen d'apprendre à celle-ci comment elle avait décidé Louise à parler en secret au Prince. « Vous êtes une aimable et adroite amie, lui dit la dame d'honneur, et je serai trop heureuse le jour où mon Édouard me procurera la satisfaction de vous nommer ma fille. »

CHAPITRE XXXII.

Dulcis inexpertis cultura potentis amicis:
Expertus metuit. HORACE, *Épit.* XVIII.

Ceux qui n'ont point fait leur cour aux Grands, croient la chose agréable ; ceux qui l'ont faite, les redoutent et les fuient.

LOUISE ne pouvait oublier la rencontre fortuite qui l'avait mise en présence de Léopold ; elle fut émue jusqu'au fond de l'âme en le reconnaissant ; elle éprouva une joie extrême en obtenant la certitude qu'il se trouvait dans ce même lieu. Dès lors, elle pensa qu'il ne tarderait pas à chercher les moyens de la voir. Elle n'avait pas oublié le désir manifesté par sa tante d'employer le pinceau de Léopold. Aussi, son premier mouvement, lorsqu'elle vit le fils du pasteur, fut de le faire remarquer par la Comtesse. « Voilà M. Reich, lui dit-elle, celui qui m'a peinte avec tant de talent. »

— « Qui ? ce grand jeune homme, reprit la dame d'honneur ; il a vraiment fort bonne mine : je ne doute pas que ce ne soit un artiste distingué ; vous chercherez à le rencontrer encore et vous l'engagerez à venir nous voir. » Louise, en entendant la Comtesse parler ainsi, l'eût embrassé de tout son cœur, et elle se promit bien de lui obéir sur cet article. Dès ce moment, elle avait toujours vingt prétextes, soit pour se mettre aux fenêtres de l'appartement qui donnaient sur la grande place, soit pour parcourir les galeries, les escaliers, les cours du palais et son vaste jardin. Mais vainement y cherchait-elle Léopold ; Léopold, esclave de sa parole, n'avait garde d'y paraître.

Obéissant scrupuleusement aux désirs de son protecteur, il s'était interdit les approches de la demeure du Souverain ; mais, en même temps, pour satisfaire son amour autant qu'il obeissait à ses devoirs, il multipliait ses courses aux environs de la résidence ; il courait partout où raisonnablement il pouvait espérer de voir sa jeune amie. Le ciel, touché de sa docilité, voulut l'en récompenser sans doute. La résidence possédait un amateur de tableaux qui employait son immense fortune à former une collection précieuse des ouvrages capitaux des plus grands maîtres. A cette époque, un original d'une grande beauté, sorti du pinceau de Raphaël, venait d'être découvert à Florence, dans la boutique d'un menuisier, qui avait cru le vendre un prix énorme en le cédant pour cinquante sequins à un brocanteur. Celui-ci, connaissant la valeur de son acquisition, se hâta de l'emporter en Allemagne, et vint le proposer à notre amateur. La pièce était trop capitale pour que ce dernier la laissât échapper; il ne la marchanda point, la paya ce qu'on lui en demanda; et, avec un juste orgueil, exposa aux regards le chef-d'œuvre dont le mérite était réellement supérieur.

On y courait en foule, et Léopold n'en savait rien; ce fut le Comte qui le lui apprit. « Tu devrais, mon enfant, lui dit-il, aller chez M. de Wernow; il a fait l'acquisition d'un tableau de Raphaël, du premier ordre, et, si l'on ne m'a point trompé, tu goûteras, en connaisseur habile, une véritable satisfaction à le voir. » Une seule pensée occupait Léopold, celle de revoir Louise sans manquer à ses promesses; il devina aisément que madame de Sebendal ne manquerait pas d'aller chez l'amateur, et par conséquent d'y mener sa nièce. Aussi, dès ce moment, notre jeune homme ne bougea presque plus de chez M. de Wernow.

Comme tous les enthousiastes, M. de Wernow remarquait avec plaisir les assiduités de Léopold, à qui d'ailleurs sa qualité de Secrétaire intime du Ministre, assurait un accueil distingué. Il causa avec lui, et apprenant son amour pour les arts et ses talens pour la peinture, il lui voua un attachement particulier: aussi en peu de jours le traita-t-il sans façon, et même plusieurs fois il le chargea de le remplacer dans sa galerie, quand d'importantes affaires le conduisaient hors de chez lui. Léopold, tout joyeux de cette préférence, lui demanda si la Princesse régnante était venue visiter sa collection ?

« Non, pas encore, lui dit l'amateur avec un soupir ; je me flattais de voir leurs Altesses ; le Prince vint hier de bonne heure, mais son épouse n'a point paru, et cependant j'ose croire que ce tableau est digne de son attention tout entière. Je donnerais une forte somme pour qu'elle se décidât à m'honorer de sa présence. » — « Hélas ! disait tout bas Léopold, je joindrais bien mon argent au vôtre, si cet appas pouvait amener ici, pour vous la Princesse, et pour moi sa fille d'honneur. » Tandis qu'ils s'occupaient de cet objet, un grand bruit se fit entendre sur l'escalier, et l'un et l'autre crurent être au comble de leurs souhaits. Un domestique accourut et annonça à l'amateur la Marquise italienne. Si M. de Wernow fut peiné que ce ne fût pas la Princesse, la visite de la Maîtresse favorite le consola un peu.

Léopold, au contraise, saisit son chapeau et voulut se retirer, mais l'amateur s'y opposa si vivement qu'il se vit contraint de lui céder.

Fiorina parut embellie de tout le prestige d'une toilette du matin; le conseiller Hermann, président du comité des finances, lui donnait la main, et madame d'Oppenheim, suivant l'usage, marchait après elle. Fiorina, en entrant, aperçut Léopold : elle n'en montra point de dépit, et, au contraire, elle le salua avec un gracieux sourire. « Quel est donc ce personnage, demanda le Conseiller en voyant cette familière politesse de la Marquise ? » — « Mon cher, lui dit elle, un homme avec lequel vous ne vous entendriez pas. Il a refusé une faveur pour laquelle vous soupirez sans cesse, et s'il eût voulu, vous vous honoreriez aujourd'hui de sa protection. »

— « Vous m'effrayez, madame, et comment pouvez-vous rester sans crainte auprès d'un tel insensé ? Mais, où donc a-t-il connu le Prince, car je présume que c'est près de lui que ce jeune garçon aurait pu s'établir ? » — « Ce lieu n'est pas propice pour vous l'apprendre; faites-moi rappeler un de ces soirs de vous raconter cette histoire ; mais, en attendant, priez le ciel pour que M. Reich persiste toujours dans sa haine pour les grandeurs ; car, du jour où son règne commencerait, vous pourriez dater celui de votre chute. »

Ces paroles n'étaient pas faites pour éteindre la curiosité du Conseiller ; cependant il dissimula, et il laissa à l'amateur le soin de faire les honneurs de sa galerie à la favorite. Celle-ci, en digne Italienne, aimait les arts, et ce fut véritablement du fond de son âme qu'elle loua la production du génie immortel. Ses louanges furent si naturelles, son enthousiasme si réfléchi ; elle mit tant de goût et de feu dans tout ce qu'elle disait ; que M. de Wernow était transporté , Léopold, lui-même, se rapprocha pour l'entendre. Il s'était jusqu'alors tenu à l'écart, mais la séduction opéra sur lui comme sur les autres. « Monsieur, lui dit-elle, en lui adressant la parole sans avoir l'air de le connaître, avez-vous été à Rome ? » — « Oui, madame. » — « Eh bien ! vous avez dû voir dans la galerie du prince Borghèse une copie de ce tableau, qu'on attribue au célèbre André, dit Sarto. »

La chose était vraie ; elle transporta de Wernow lorsque Léopold le lui eut assuré. Il répondit également à la Marquise, et alors celle-ci se rapprochant de lui : « Vous avez voyagé, vous devez donc aimer les beaux-arts ? » — « Je les apprécie, madame, répondit Léopold, je leur ai dû de bien heureux momens. » — « Il ne vous dit pas tout, s'écrie l'amateur, il ne se vante pas d'être un de nos plus habiles peintres modernes. » — « Quoi ! monsieur, vous joignez la pratique à la théorie ? Ah ! que je serais flattée de voir vos ouvrages et de pouvoir obtenir que vous voulussiez travailler pour moi ! »

— « Je le ferais volontiers, madame, si mes occupations m'en laissaient le pouvoir ; mais je me dois tout entier à mes travaux actuels, et ils n'ont aucun rapport avec la peinture. »

Une réplique de ce genre confondit madame d'Oppenheim, qui douta si elle l'avait bien entendue. Le Conseiller était également surpris : il lui paraissait si inconcevable que la favorite fût aussi cruellement refusée, qu'il ne se rappela plus ce qu'elle venait de lui dire au sujet de Léopold. Il s'approcha de ce dernier, et, le saisissant par le bras, il lui dit à demi-voix : « Vous ignorez sans doute, monsieur, quelle est la dame à laquelle vous venez de faire un refus aussi extraordinaire ? » — « Je vous étonnerai bien davantage, monsieur le Conseiller, dit Léopold plus bas encore, et en lui lançant un regard qui l'anéantit, lorsque je vous apprendrai que j'aurais répondu autrement, si je n'eusse pas connu la marquise Fiorina. »

— « Prenez garde à ce que vous dites ! » — « Grand merci de l'avis, mais il ne m'épouvante ni ne me fera changer de façon de penser. » Durant ce colloque, Fiorina avait montré de l'impatience ; et pour le faire finir, n'ayant pu l'entendre, elle se tourna vers M. de Wernow : « Je vous prends à témoin, dit-elle, qu'on me refuse pour la première fois, et que monsieur est moins galant que n'ont coutume de l'être les amans des beaux-arts ; mais je pense que plus tard la réflexion me sera favorable, à moins que monsieur ne veuille renouveler, de nos jours, la haine que le farouche Hippolyte portait à mon sexe. »

— « Pour moi, dit madame d'Oppenheim, je suis toujours en admiration devant votre bonté, votre bienveillante protection pour les artistes ; mais quelquefois elle passe les bornes, et ce jeune homme devrait savoir qu'on ne refuse pas une dame de votre rang. » — « Oh ! ce n'est pas ce rang qui le déciderait à changer de conduite ; les grandeurs ne l'ont peut-être jamais ébloui. » — « Je les respecte, madame, dit Léopold avec gravité, dans mes maîtres, et seuls ils ont droit à mes hommages ; car, du dernier des hommes au premier des courtisans, je n'y vois d'autre distance que celle établie par la faveur, et ne peut-elle pas être franchie d'un moment à l'autre? Un caprice du maître ne décide-t-il pas toujours de l'importance et de la dignité? »

— « Morale philosophique, jeune homme, dit madame d'Oppenheim, franc jacobinisme, je vous assure, et vous vous excusez fort mal de votre refus. » — « Est-ce des excuses qu'on était en droit d'attendre de moi? » demanda Léopold, avec une hauteur plus élevée encore que celle mise par la dame dans ses aigres reparties. Hermann paraissait s'amuser de cette altercation, mais la Marquise s'adressant à voix basse à lui : « Faites donc finir cette femme, lui dit-elle, c'est se jouer à trop forte partie; ce jeune homme ne sera pas converti par elle, et j'ai intérêt à ce qu'on ne lui manque point en ma présence. »

Tout ce que disait Fiorina dans ce moment avait lieu de surprendre le Conseiller du Prince; il poussa même le cours de ses idées jusqu'à vouloir respecter cet inconnu, pour lequel il s'était d'abord senti un mépris si profond; car il le croyait confondu dans la classe commune de la société. Cependant, pour remplir les intentions de la favorite : «Madame d'Oppenheim, dit-il, vous accusez à tort monsieur d'outrer le philosophisme; il peut soutenir ce qu'il avance, vous êtes aussi dans la bonne voie, ainsi pourquoi se quereller : nous sommes venus ici pour admirer une collection remarquable, revenons au but de notre visite, et laissons à chacun sa manière de voir et ses opinions. »

Madame d'Oppenheim était lancée; elle eût voulu répliquer, mais la Marquise ne lui en donna pas le temps : elle engagea Léopold et M. de Wernow à la conduire dans une pièce voisine où se trouvait un beau *Paul Véronèse*, et la conversation se tourna vers un autre but. Fiorina la ramena sur l'Italie, sur ce délicieux pays ; elle en vanta le ciel toujours pur, la terre fertile, et les habitans amateurs de tout ce qui peut contribuer au charme de la vie; elle parla de la musique en virtuose, des monumens romains comme l'eût fait un vieil antiquaire; elle vanta les chefs-d'œuvre de l'architecture moderne ; les villes les plus célèbres de ce climat furent passées en revue. Gênes ne fut pas oubliée, Gênes aux palais de marbre, et l'ancienne dominatrice de la Méditerranée.

Léopold, de nouveau vaincu par la magie de la beauté parlant avec enthousiasme, se rapprocha d'elle, et son cœur s'indigna de tressaillir chaque fois que l'Italienne le regardait d'un œil étincelant. Fiorina s'apercevait également de son triomphe; elle mettait toute son adresse à le compléter insensiblement; elle avait l'air d'être entraînée elle-même en racontant des traits de sa vie passée, dont Reich pouvait seul avoir la clef. Malgré lui il contemplait cette beauté séduisante, il s'abandonnait au prestige de ses paroles, et l'enchanteresse cherchait à assurer sa victoire par toutes les ressources de ses charmes. Le Conseiller, à qui rien n'échappait, ne perdait pas un geste, un mot de ce manége, et son étonnement en augmentait d'autant plus. Mais ce qui était pour lui plus incompréhensible encore, était la modestie de Léopold qui ne s'apercevait pas de toutes les avances qu'on lui faisait. Ah! combien lui, Hermann, eût donné pour être l'objet d'un semblable caprice! Mais il n'avait pu inspirer ce sentiment impérieux que Fiorina avait autrefois senti pour Léopold, et dont son âme conservait encore la dernière étincelle.

Fiorina, comme par mégarde, posa sa main sur celle de Léopold, et, toujours avec la même négligence, passa son bras dans le sien. Léopold rougit alors, et une subite pensée lui indiqua le piége, mais pouvait-il, sans manquer à la politesse, refuser l'honneur qu'on lui faisait. Bientôt l'Italienne s'éloigna du reste du groupe : « Eh bien, Léopold! lui dit-elle, n'êtes-vous pas honteux de me repousser comme vous le faites? Oh! maintenant que je le puis, laissez-moi vous rappeler que si l'amour n'existe plus entre nous, nous pouvons du moins être amis jusqu'à la tombe. Pourquoi ne paraîtriez-vous pas à la cour? Laissez-moi le soin de vous y conduire, et devenez entre Henri et moi le modèle du plus pur sentiment qui puisse se trouver dans le cœur des hommes. »

— « Faudra-t-il encore vous répéter, madame, que je ne paraîtrai jamais auprès du Prince tant que je serai libre de mes volontés? Que lui dirais-je d'ailleurs qui ne fût en contradiction avec les maximes que chaque jour on lui fait entendre? Je vous déplairais; laissez-moi dans mon obscurité actuelle: le théâtre sur lequel je me trouve me semble encore trop grand pour moi. » En disant ces mots, Léopold ramena la marquise vers la société, et saisit le moment où le dépit arrachait un geste à celle-ci pour laisser tomber son bras qu'il ne lui offrit plus.

Madame d'Oppenheim, à laquelle Léopold inspirait une haine véritable, fut sur le point de lui chercher querelle sur cette nouvelle impolitesse; mais d'Hermann, toujours aux aguets pour complaire à la favorite, trouva le moyen de détourner cet orage par une plaisanterie; Léopold y répondit, et M. de Wernow, enchanté d'une aussi longue visite, qu'il croyait être un hommage rendu à sa collection, proposa des rafraîchissemens à la Marquise; elle les accepta. Reich, voyant que la séance allait se prolonger, voulut se retirer; il profita du moment où l'on passait dans une autre salle pour s'évader. Sa retraite contraria Fiorina, mais elle n'eut garde de le laisser paraître.

« Vous connaissez beaucoup ce jeune homme? » demanda-t-elle négligemment à l'amateur. « Oui, madame, répliqua-t-il, heureux de trouver une circonstance où il pût parler à son aise de son favori : c'est un ami intime du comte de Waldein. » — « Un ami du comte de Waldein! répliqua Hermann ; mais il me semble bien jeune! Je croyais que le premier Ministre choisissait ses confidens dans un âge plus éloigné de l'adolescence. » — « Celuicipourtant, dit M. de Wernow, est investi de toute sa confiance, et il la mérite; il y a peu de personnes dont la maturité soit plus profonde : il est instruit, il a tant de bon sens, un tel tact pour les affaires, un coup d'œil si rapide, si sûr! Tenez, monsieur, regardez ce tableau, je l'ai toujours cru du *Guide* : eh bien! M. Reich en le voyant le déclara de l'*Albane*, et nous avons ensuite reconnu qu'il avait raison. »

— « Vraiment? monsieur de Wernow, ceci est positif; il n'y a pas de doute que M. Reich, comme vous l'appelez, ne soit un administrateur habile, puisqu'il sait si bien se connaître en tableaux. » L'amateur ne s'aperçut pas de l'épigramme, il ajouta de nouveaux traits à l'éloge de son ami, et il parvint, du moins, à persuader au Conseiller, et à madame d'Oppenheim, que ce n'était pas un homme sans importance, comme l'un et l'autre l'avaient cru d'abord. La Marquise, tant qu'on parla de Léopold, n'eut pas l'air de prendre une part bien active à la conversation, et pourtant elle n'en perdit point une parole. Enfin, elle jugea qu'il était temps de se retirer, et, après avoir complimente l'amateur sur le mérite de sa collection, elle partit accompagnée de son cortége ordinaire.

CHAPITRE XXXIII.

Souvent la fortune et l'amour favorisent l'amant timide. L'ATTAIGNANT.

LÉOPOLD, après avoir quitté Fiorina, cessa de songer à elle ; l'émotion que la présence de cette enchanteresse avait élevée dans son cœur prit fin aussitôt qu'il l'eut perdue de vue, et, pour achever de l'oublier, il se rendit auprès d'Adèle qu'il n'avait pu aller voir la veille, Elle lui en témoigna un aimable mécontentement, et il lui fallut s'en excuser par le récit des travaux extraordinaires que le Comte lui confiait. Le bon Léopold était d'une extrême franchise, et cependant il oublia, parmi les raisons qui l'avaient retenu dans la ville, trois heures passées la veille chez M. de Wernow, à attendre infructueusement que l'amour des beaux-arts y conduisît la Princesse et sa fille d'honneur.

Adèle et Léopold se promenèrent dans le jardin. Reich remarqua qu'un siége de gazon, sur lequel Adèle allait quelquefois s'asseoir, avait reçu des embellissemens extraordinaires : de belles pyramidales, unies par des jasmins et des rosiers à cent feuilles, formaient tout autour comme une magnifique palissade ; deux orangers avaient été placés à droite et à gauche du siége, et des guirlandes, attachées aux arbres voisins, lui servaient de dais. Léopold se récria sur cette décoration pleine de goût, et demanda à sa sœur si elle était son ouvrage.

« Non, répliqua-t-elle ; mon imagination ne pouvait aller jusque-là ; ce chef-d'œuvre qui m'a enchanté est l'ouvrage du nouveau garçon jardinier que Barrow a pris : ce jeune homme est rempli pour moi des attentions les plus délicates. » Léopold, d'après cet éloge, témoigna le désir de le connaître, et Édouard fut appelé. Quoiqu'il cherchât à déguiser la noblesse de sa tournure, Reich en demeura frappé; Édouard s'en aperçut; aussi dans la réponse qu'il fit à la question d'usage: « D'où sortez-vous? » il dit qu'il avait été soldat durant huit ans. Cette explication ôta toute autre idée à Léopold, qui le remercia des soins avec lesquels il avait orné le siége favori de sa sœur.

Édouard se retira dès qu'il le put; il était peu curieux de poursuivre une conversation qui l'embarrassait. Léopold n'était pas facile à tromper, et Sebendal n'eût pas voulu faire naître des soupçons, dont le premier résultat eût été de le congédier. Reich quitta Adèle assez tard, et rentra chez lui pour donner la plus grande partie de la nuit au travail. Il voulait le lendemain revenir chez l'amateur, et cependant il ne se souciait pas que les affaires dont le Comte l'avait chargé fussent en retard. A midi, le jour suivant, il parut chez M. de Wernow, qui, en le recevant, l'embrassa sur les deux joues.

« Victoire, mon cher! lui cria-t-il, victoire complète! Madame de Sebendal, me fit prévenir hier au soir fort tard, que la Princesse viendrait enfin dans la matinée : tous mes souhaits sont comblés; jamais votre présence ne me fut plus nécessaire; vous avez charmé la favorite; elle parla beaucoup de vous après votre départ. Cette femme pourrait vous pousser dans le monde; elle a tant de pouvoir! et je n'ai pu imaginer quel motif vous faisait refuser ses avances : vous avez eu tort, je vous le répète; mais, en ce moment, je me flatte que, tandis que je serai avec son Altesse, vous voudrez bien me remplacer auprès de ses filles d'honneur; deux doivent l'accompagner, mademoiselle de Worms et mademoiselle d'Hertal....... Eh bien! Reich, qu'avez-vous? Pourquoi pâlir ainsi? N'allez pas être malade, et surtout soyez plus galant qu'hier. »

Léopold n'eut pas de peine à lui promettre de se mieux comporter, et quant à son trouble subit, il le rejeta sur un éblouissement involontaire. Préparé au bonheur de revoir enfin Louise, il chercha à contenir sa joie impétueuse, lorsque le bruit des voitures, et la voix des pages, montant jusqu'à lui, vinrent lui faire connaître l'arrivée de la Princesse. Cette visite, annoncée de bonne heure, avait attiré plusieurs personnes chez l'amateur : la foule était assez nombreuse, pour qu'on pût s'y trouver seuls en cas de besoin, et Léopold espérait bien trouver le moment favorable à entretenir son amie.

Louise marchait derrière la Princesse avec mademoiselle de Worms : dès qu'elle fut dans la première salle, Léopold frappa son regard. Oh! comme elle baissa rapidement ses yeux étincelans pour déguiser l'allégresse dont ils étaient remplis, et en les relevant, elle chercha si une illusion ne ne l'avait point abusée. Non, elle voyait Léopold, dont la contenance annonçait l'amour et la fidélité. « Voilà, dit la Fille d'honneur à sa compagne, un jeune homme que ma tante m'a chargée de lui faire connaître; on trouverait difficilement, dans ce pays, un peintre de son mérite. » — « Il a vraiment bon air, répliqua Wilhelmine; et où vous êtes-vous rencontrée avec lui ? » — « Dans les jours de mon enfance; c'est le fils du ministre d'Obernoff, l'ami du baron de Schullestein, et le protégé le plus cher de mon oncle, le comte d'Altorn. »

— « La série des titres que vous lui donnez lui assure auprès de vous un aimable accueil, et il ne me semble point empressé d'en profiter : serait-il aussi timide qu'il est habile artiste ? » — « Je pense qu'il n'ose nous aborder, dans la crainte que l'étiquette ne s'y oppose; je vais l'appeler. » Elle dit, et, faisant un effort sur elle-même, elle fit un signe à Léopold d'approcher : celui-ci, transporté d'une faveur pareille, mais craignant de se méprendre sur le sens du geste, hésitait; une nouvelle invitation muette lui ayant été faite, il franchit bientôt l'espace qui le séparait de son amie. « Eh quoi ! monsieur Reich, lui dit-elle, cherchant à déguiser son trouble secret, vous êtes à la résidence, et vous n'êtes pas venu me donner des nouvelles de mon oncle, de ma chère Hélène, que sans doute vous avez vue nouvellement? ce n'est pas bien à vous, et je devrais me plaindre d'un oubli que je ne mérite pas. »

Elle se tait, et Léopold prend la parole : il avoue que depuis plusieurs mois il a quitté Obernoff. « Mais, dit-il, vous y étiez encore à cette époque. Je ne sais votre départ que depuis peu de jours, mon père gardant un profond silence sur tout ce qui n'est pas du ressort de son intérieur ; j'eusse d'ailleurs difficilement osé, mademoiselle, me présenter devant vous, sans en avoir obtenu la permission par avance, et le baron de Schullestein, auquel j'eusse pu demander de la solliciter de vous, ayant quitté la résidence.......» — « Ah ! dit Louise en rougissant et l'interrompant tout à la fois, vous savez la glorieuse marque de bienveillance que le Prince lui a donnée ;

mais vous auriez eu tort de craindre de vous présenter chez ma tante ; elle sera charmée de vous connaître, et les portraits dont vous avez enrichi la galerie du comte d'Altorn, lui ont donné le vif désir de vous attirer : je vais la prévenir de notre rencontre, et elle vous affirmera de vive voix ce qu'elle m'avait chargée de vous dire si par hasard je vous trouvais quelque part. »

Cette annonce flatteuse rendit en ce moment Léopold le plus fortuné des hommes ; il se garda bien de répondre par un refus à mademoiselle d'Hertal, comme il avait fait la veille à l'Italienne. Là, un autre sentiment le dominait : sa réponse, au contraire, marqua son empressement, et le désir extrême qu'il avait de se rendre agréable à Louise. Wilhelmine, de son côté, examinait les amans en silence ; un instinct intérieur lui apprenait la vérité, et pourtant ils parvenaient à se déguiser assez passablement pour lui ôter le droit de se confirmer dans ses conjectures. Sur ces entrefaites, le conseiller Herman, qu'on trouvait partout (car il aimait à tout voir par lui-même), se présenta auprès des Filles d'honneur. Il ne fut pas médiocrement surpris de voir ce M. de Reich, que la veille il croyait si peu de chose, en conversation réglée avec mademoiselle d'Hertal, et celle-ci le traitant avec une intime familiarité.

« Allons, se dit-il en lui-même, voilà un seigneur qui fera son chemin. Quoi! il plaît à la Maîtresse en titre, et celle-ci, qui est prête à le devenir, lui sourit avec une bonté toute particulière! Je conclus de tout ceci qu'il est bon de se lier avec lui, et je puis bien lui faire les avances; il ne me paraît pas d'un caractère à me prévenir.» Ayant terminé ce monologue intérieur, le Conseiller s'approcha davantage de Léopold, et lui demanda des nouvelles de sa santé. A cette question, Reich regarda le personnage, et, faisant un appel à sa mémoire, il se rappela l'avoir vu la veille avec la Marquise, et ce souvenir n'adoucit pas le ton de froideur qu'il mit dans sa réponse;

mais le Conseiller ne se déconcertait pas si facilement, et il le pria de lui dire si le comte de Waldein ne viendrait pas voir le tableau.

« Je l'ignore, monsieur, » répliqua Léopold, qui, se tournant à demi, chercha à reprendre avec Louise le fil de la conversation interrompue par le Conseiller. Wilhelmine, examinant le manége, souriait malignement : et à son tour elle ouvrit la bouche pour demander à Hermann s'il avait vu la marquise Albini dans la matinée. On ne pouvait jouer un tour plus sanglant au courtisan, qui, persuadé des projets secrets de mademoiselle d'Hertal sur le cœur du Prince, trouvait très-désagréable qu'on vînt lui parler devant elle de ses assiduités chez une femme alors sa rivale déclarée ; aussi se hâta-t-il de dire que depuis quinze jours il ne s'était pas montré chez elle. Léopold, l'ayant entendu, fut indigné de ce mensonge.

« Monsieur n'a pas bonne mémoire, à ce qu'il paraît, car il oublie qu'hier il passa ici plusieurs heures avec cette dame ;» et plus déconcerté encore, le Conseiller balbutia quelques mots inintelligibles ; il eut l'air de vouloir s'excuser, mais, comme la chose importait peu à Louise, l'explication qu'il donna de sa conduite fut en pure perte ; elle et Léopold ne l'entendirent pas. La seule Wilhelmine l'écouta ; elle ne l'aimait guère ; il s'était toujours montré opposé au baron de Worms ; aussi mit-elle de l'acharnement à le poursuivre : elle le loua sur son amitié pour l'Italienne, répéta vingt fois qu'il était son bras droit, son conseil ; enfin, elle le tourmenta de telle sorte, qu'il eût voulu, pour beaucoup, n'avoir pas abordé ces dames.

Tandis que cette scène se passait entre ces deux interlocuteurs, Léopold et Louise en profitèrent pour se dire quelques mots, et ils s'entendirent sans peine. Reich eut la certitude que son amie n'avait pas changé, et elle put s'applaudir de la constance du fils du Pasteur. Hermann, poussé à bout, adressant toujours à Louise ce qu'il répondait à mademoiselle de Worms, cherchait le moyen de se soustraire à cette inquisition d'un nouveau genre, lorsque, par bonheur pour lui, madame de Sebendal s'approcha de sa nièce. Louise fut à elle, et lui dit : « Chère tante, voilà M. de Reich, dont je vous-avais parlé; vous avez admiré ses talens; vous ne vous plaindrez pas de sa complaisance, car il m'a deja promis de faire tout ce qui vous serait agréable. »

— « Il suffit, dit la Comtesse qui avait ses projets, de voir monsieur, pour être convaincu de sa galanterie, et je serais charmée s'il voulait une seconde fois fixer sur la toile les traits de mon aimable nièce. » — « Madame, ce sera pour moi la plus douce jouissance : un artiste aime de rencontrer de parfaits modèles, et difficilement j'en trouverais un pareil. »

Ici, Léopold crut, avec raison, cacher sous un compliment la joie de son âme; mais ce qu'il venait de dire fut entendu par le Conseiller, qui, comparant sa conduite du jour à celle de la veille, ne put résister au plaisir de l'embarrasser à son tour.» Madame, dit-il, en s'adressant à la Comtesse, votre ascendant sur monsieur est plus grand que celui d'une autre dame qu'il a refusée de satisfaire, et qui lui demandait également d'employer son génie pour elle.» — « Et qui était cette infortunée, dit la Dame d'honneur? »

— « Hermann ne s'attendait point que ce nom serait demandé; il savait combien la Comtesse abhorrait Fiorina, et que ce n'était pas une recommandation auprès de madame de Sebendal que de parler de la favorite. Dans cette persuasion, il se montra interdit, et fit attendre tellement la réponse, que la Comtesse répéta la question.» Mais ce ne peut être, dit malignement Wilhelmine, qui jouissait de la confusion du Conseiller, que la marquise Albini; car hier M. d'Hermann passa ici toute la matinée avec elle.» — « En ce cas, je trouve, reprit la Contesse le plus sèchement possible, que Monsieur a fait à merveille de refuser : il est certaines femmes qu'on doit rougir de peindre, comme on ferait bien de ne pas les accompagner. »

Elle dit et éleva extraordinairement la voix, de manière à se faire entendre de la Princesse qui s'avançait, conduite par le maître de la maison. Ceux qui ont connu les courtisans, ceux de nos lecteurs qui ont le malheur de l'être, apprécieront facilement la position difficile dans laquelle la malicieuse Wilhelmine plaçait le Conseiller. Il n'eut garde de répliquer à la Comtesse, et, se glissant insensiblement parmi la foule, il s'éloigna la rage dans le cœur.

« On ne me contestera pas cette victoire, dit mademoiselle de Worms, et je pense que je verrais de vastes contrées si une fée me transportait là où me souhaite en ce moment M. le Conseiller, président du conseil des finances. » Puis, se tournant plus particulièrement du côté de la Comtesse : « Dans une heure la dame en sera instruite ; tant mieux : elle verra comme on commence à peu la craindre, et son châtiment datera de cet instant. » — « Vous êtes une aimable fille, lui répliqua la Comtesse; tout irait bien si Louise vous ressemblait.» Ceci était un compliment qui était loin d'être mérité. Louise ne put l'entendre, elle était toute à Léopold; et ce fut par la volonté du ciel si tous les regards ne devinèrent pas leur attachement mutuel.

CHAPITRE XXXIV.

Les vents grondent et la tempête
Se forme de leurs chocs divers.
Recueil des *Jeux Floraux*.

Le contentement de Léopold passait toute idée : l'univers lui semblait agrandi depuis l'heure où il avait revu son amie, où la Comtesse lui avait proposé de venir chez elle, et certes il ne se promettait pas d'y manquer. Une pensée soudaine vint quelque peu le contrarier dans ce delire enchanteur : il se rappela les insinuations du premier Ministre, et les désirs qu'il lui avait témoignés de lui voir éviter la rencontre de mademoiselle d'Hertal. « Mais, se disait-il en lui-même, suis-je coupable ? devais-je me priver de paraître dans tous les lieux où nous pouvions nous trouver ensemble? Mieux eût valu alors me renfermer dans une retraite absolue: le hasard seul nous a réunis; profitons maintenant de la chance favorable. »

Tandis qu'il se parlait ainsi, il se fit la promesse de ne pas dissimuler avec son bienfaiteur, et de lui raconter comment son entrevue avec Louise avait eu lieu. En entrant chez le Comte, celui-ci, qui aimait à jeter de fréquens regards sur Léopold, ne tarda pas à connaître qu'une émotion extraordinaire régnait dans l'âme du jeune homme; il remarqua la fierté avec laquelle il élevait sa tête, la légèreté de sa démarche que la terre semblait à peine porter; son œil étincelant, sa joue colorée; enfin tout en Reich annonçait ses transports et sa félicité.

« Excellence, dit Léopold, pour prévenir toute question de la part du Ministre, je reviens à vous enivré par la plus vive allégresse: le ciel a eu pitié de moi, et il m'a remis en présence de mademoiselle d'Hertal.

Elle est venue avec la Princesse chez M. de Wernow; je l'ai vue, et madame de Sebendal, qui désire avoir un portrait de sa charmante nièce, m'a prié de la peindre une seconde fois. » — « C'est à merveille, répondit le Comte d'un ton presque peiné; le hasard vous a servi au gré de vos souhaits; je ne puis vous accuser d'avoir manqué à votre parole; vous avez l'autorisation de paraître chez la dame d'honneur, et assurément vous n'aurez garde d'y manquer. Si vous étiez tout autre, je me servirais de mon ascendant pour vous engager à ne point profiter de cette permission; mais avec vous votre ami est tranquille : il est certain de vous voir toujours marcher dans la voie de l'honneur, et l'amour n'étouffera jamais en vous les sentimens de la vertu et de la délicatesse. »

— « Votre discours, Monseigneur, me cause une surprise sans pareille; si vous entendez qu'en allant chez madame de Sebendal, sa nièce, que je chéris, sera l'objet de mon respect, votre attente sera remplie ; mais est-ce bien cela que vous avez voulu me faire entendre ? et votre propos ne renferme-t-il pas un sens caché ? Si la chose est vraie, je vous conjure de m'éclaircir ce que vous avez voulu dire ; vous me jetez dans un embarras dont l'amour seul peut apprécier toute l'étendue. » — « Mon enfant, c'est avec regret que je garde le silence ; ce n'est pas à moi à t'éclairer ; tes yeux doivent voir par eux-mêmes. Je rends seulement grâce à ton éducation ; elle ne te permettra jamais de transiger avec tout ce que tu te dois à toi-même. »

Ces paroles mystérieuses, dont le Ministre se refusa de donner l'explication au jeune homme, le plongèrent dans une inquiétude véritable. Vainement son esprit se replia en lui-même, pour parvenir à percer cette obscurité ; il y perdit ses soins, et, voyant que le Comte s'obstinait au silence, il cessa de l'interroger. Pendant tout le reste de la journée, il fut également tourmenté, et la pensée de revoir Louise put à peine lui rendre sa tranquillité. Il voulut, pour se distraire, aller chez sa sœur, et comme il entrait dans la maison, le garçon jardinier en sortait; ils se rencontrèrent à la porte, face à face. Édouard, malgré lui, rougit par un sentiment involontaire ; Leopold, de nouveau, demeura frappé de la figure noble, de la tournure distinguée de ce personnage, et sans le vouloir aussi, son œil suivit celui qu'il prenait pour un pauvre ouvrier, et dont il admira la taille et la bonne grâce. Il ne s'arrêta point long-temps à cet objet; un bien plus grand l'occupait sans partage; la conversation avec Adèle s'en ressentit vingt fois; il voulut lui parler de mademoiselle d'Hertal, et chaque fois sa bouche n'osa pas en prononcer le nom. Il se retira enfin, se faisant une riche idée du plaisir qui l'attendait le lendemain.

La Comtesse ayant exigé de lui qu'il ne retardât pas plus long-temps à paraître chez elle, elle était impatiente de posséder le portrait de l'orpheline : ce devait être auprès du Prince un moyen de plus de séduction, elle avait fixé l'heure de la visite, et quand Léopold s'y présenta, elle était seule avec Louise. Les deux amans, déguisant leur joie excessive, ne parlèrent d'abord que des plaisirs de leur enfance, de leurs jeux, de leurs petites aventures, et la Comtesse parut s'intéresser vivement à ces doux souvenirs. Louise, séduite par le ton de sa tante, lui accordait une âme sensible; mais Léopold, plus instruit, et se défiant naturellement d'une femme de la cour, crut remarquer dans les traits de la Comtesse une nuance d'ironie et d'indifférence, qu'elle ne put déguiser à l'œil perçant du jeune homme.

« Monsieur de Reich, lui dit-elle, je vous félicite du poste honorable que vous occupez chez le comte de Waldein; on doit s'estimer heureux d'approcher un aussi respectable personnage, et ce dernier est sans doute convaincu de mon attachement pour lui, comme de mon estime; peut-être a-t-il des préventions injustes à ce sujet, vous devez les connaître, et je me flatte que vous chercherez à les dissiper.» — «Madame, répliqua Reich, dans mes rapports avec son excellence, je ne m'occupe jamais que des travaux qu'il me confie; je ne lui demande point les secrets qu'il ne veut pas me révéler; une retenue pareille m'est impérieusement commandée; mais je puis porter au ministre les témoignages de votre bienveillance: je ne doute pas qu'il ne s'y montre sensible, en les appréciant comme il le doit.»

La Comtesse comprit par ce discours mesuré qu'elle ne tirerait pas de Léopold tout ce qu'elle s'était proposé, et que le jeune homme n'était point placé dans la classe ordinaire des étourdis de son âge; aussi, changeant de propos, elle lui apprit que, pour ne point perdre de temps, elle avait fait préparer dans la matinée ce qui était nécessaire pour peindre, et qu'une chambre de l'appartement, donnant au nord, avait été désignée pour servir d'atelier. Après avoir ainsi parlé, elle sonna, et son valet de chambre l'ayant assurée que tous ses ordres avaient été remplis, elle passa avec Louise et Léopold dans cette pièce voisine, dont le fils du ministre prit possession. La journée était trop avancée pour qu'il pût commencer de se mettre à l'ouvrage; Léopold en prévint la Comtesse, et la première séance fut remise au lendemain. Reich demeura dans le salon où plusieurs courtisans vinrent voir la dame d'honneur; celle-ci présenta à chacun son aimable peintre. C'est ainsi qu'elle le nomma sous le titre de premier secrétaire du comte de Waldein, et Léopold vit, avec un mépris intérieur, quel respect lui valait cette qualité, et comme chacun de ces hommes sans vertus était âpre à rechercher la faveur ou le crédit, partout où il se pouvait rencontrer.

Lassé des cajoleries dont il était l'objet, n'ayant plus la facilité de s'approcher de Louise dont plusieurs seigneurs s'étaient emparés, il se retira après avoir renouvelé à la Comtesse la promesse solennelle de revenir le lendemain. A peine venait-il de sortir, lorsque le comte de Mansdorf se présenta. Il salua madame de Sebendal et lui demanda des nouvelles d'Édouard. « Je ne le vois presque plus, lui dit-elle ; mon fils passe ses journées à la chasse, donne ses soirées à l'étude ; à peine réserve-t-il quelques momens pour sa mère et pour le monde. »

— « Oh! dit le Chambellan, nous aurons en lui un habile philosophe; cela se gagne, dit-on, et je ne désespère pas de devenir un jour amant du travail et de la retraite. » — « Ce serait une belle conversion : je doute qu'elle soit prête à se faire. » — « Je pourrais donc vous bien étonner, madame, si je vous apprenais que pour la compléter il lui manque peu de chose, et que le moment de devenir raisonnable ne tardera pas à arriver. » — « Comte Ernest, je vous en prie, avertissez-moi quand la chose sera; j'aurai une curiosité extrême à vous examiner dans cet état. » — « Madame, ne croyez point plaisanter; soyez convaincue que vous en serez instruite plutôt qu'une autre, car votre concours sera nécessaire à mon amendement. »

Ce discours devenant trop clair pour la Comtesse, qui ne se souciait pas de répondre sérieusement sur cet article, car mademoiselle d'Hertal devait y être pour quelque chose, elle se hâta de détourner la conversation; elle le fit même avec une affectation telle, que le comte de Mansdorf ne put s'y méprendre, et s'en montra vivement offensé. L'amour en cette heure aveuglant le courtisan habile, il oublia le grand art de la dissimulation, et, dans son courroux, il fit clairement entendre qu'instruit des projets de madame de Sebendal, il mettrait toute son adresse, il emploierait toute son influence sur le Prince pour le détourner de se laisser prendre aux filets qui lui étaient tendus. La dame d'honneur frémit de cette résolution, mais, cherchant en elle-même des ressources pour parer le coup, elle crut en avoir trouvé, et elle regarda dédaigneusement son adversaire.

Cependant Ernest, profitant de la foule qui se pressait vers le salon, s'approcha de mademoiselle d'Hertal, et, après quelques paroles gracieuses, mit à ses pieds sa fortune et sa personne, la sollicitant de lui accorder le don de sa main. Louise d'abord interdite garde le silence, mais pressée par les importunités du Chambellan : « Monsieur, lui dit-elle, je croyais que vous étiez instruit que ma famille m'a promise au baron Schullestein ; vous ne devez donc vous adresser qu'à mes proches : eux seuls pourraient rompre des nœuds qu'ils ont formés sans mon aveu. » — « Et si j'obtenais leur consentement, m'accepteriez-vous sans peine pour époux ? » — « Ce n'est point le temps de nous en occuper encore ; je vous dirai seulement que je me dirigerai toujours d'après les avis de ma tante. » — « Fort bien, mademoiselle ! j'entends ce que vous voulez me dire par-là ; suivez en effet de tels avis, ils vous feront acquérir l'estime et la vénération générales. »

Le sourire ironique d'Ernest, en parlant ainsi, frappa la Fille d'honneur, mais elle n'osa pas lui en demander l'explication, et il sortit peu de temps ensuite, ayant la rage dans le cœur, et bien décidé à combattre la Comtesse. Il courut chez Fiorina, et là, se réunissant à elle, ils se jurèrent de se secourir mutuellement. Leur premier besoin, à cette heure, était celui d'éviter tout rapprochement entre le Prince et mademoiselle d'Hertal. Ce couple perfide ne se dissimulait pas qu'Henri était blessé jusqu'au fond de l'âme : Louise lui présentait l'adorable réunion des charmes et de l'honneur ; il ne pouvait résister à ce double enchantement, et chaque jour il se montrait plus assidu auprès de la Fille d'honneur. Celle-ci, ignorante dans l'art de la cour, ne voyait dans les prévenances du Prince qu'une suite de sa bonté naturelle. Cependant un instinct secret la portait à éviter une conversation particulière; sa tante en était fâchée : elle vit qu'il fallait frapper un grand coup. Wilhelmine fut instruite de ce qu'elle avait à faire, et le lendemain du jour où Ernest avait déclaré son amour à Louise, mademoiselle de Worms vint passer la journée avec celle-ci. Quand elle entra dans le salon où mademoiselle d'Hertal se trouvait toute seule, elle parut avoir un air peiné qu'elle ne cherchait point à déguiser ; Louise le remarqua sur-le-champ.

« Qu'avez vous, Wilhelmine ? lui dit-elle. Quel chagrin trouble votre charmante figure ? » — « Je vous ferais rire si je vous en racontais une partie, mais l'autre vous inquiètera comme moi. Je vous aime trop pour vous rien taire, et je vais tout vous apprendre successivement. Vous êtes depuis trop peu de temps à la cour pour avoir pu dignement apprécier les rares qualités, les vertus du Prince aimable qui nous gouverne ; vous ne pouvez le chérir comme nous qui l'avons vu depuis notre première enfance, et l'attachement que nous lui portons degénère en une véritable idolâtrie. Instruite de ces sentimens, il vous semblera naturel que nous nous affligieons lorsque sa faiblesse lui enlève l'amour de son peuple, lorsque le mécontentement est universel contre lui. Ses sujets, fatigués du joug de l'Italienne, des exactions dont elle les accable sous le nom du Souverain, ont enfin tourné les imprécations de leurs fureurs contre celui-ci, et, avant peu de temps, vous en verrez éclater les sinistres effets. »

— « Vous me faites frémir, Wilhelmine; croyez que comme vous j'apprécie le mérite de notre Maître, et que mon cœur lui est dévoué à l'égal du vôtre; mais le mal est-il si grand, que vous paraissez le craindre? Ne pourrait-on pas y remédier?»

— « On le pourrait facilement, chère amie; il ne s'agirait que d'éclairer Henri, de retirer son cœur de l'abîme où il se plonge, de le rendre à lui-même, à la vertu enfin. Mais qui se chargera de ce travail? qui osera l'entreprendre sans crainte de lui déplaire? Mon père est presque en disgrâce pour avoir voulu lui faire connaître la vérité; le comte de Waldein lui-même touche au terme de son crédit; la Marquise seule l'éblouit et l'entraîne; il court à sa perte, mais il ne le verra que lorsqu'il sera tombé. »

« Je vous le répète, Wilhelmine, vous me faites frémir. Ah ! pourquoi ne se trouve-t-il pas une âme généreuse, qui se dévoue en cette conjoncture ! » — « Elle existe cette personne que notre Prince écouterait, celle qui pourrait lui faire entendre le langage des circonstances; mais elle ne veut rien faire, ou plutôt je crois qu'elle ne se doute pas de son ascendant. » — « Si vous la connaissez, vous êtes coupable de vous taire auprès d'elle. » — Je n'ai rien à me reprocher, je viens de lui faire part de tout ce qu'il était nécessaire qu'elle sût. » — « Que voulez-vous dire, et à qui avez-vous parlé ? » — « A vous, Louise, à vous. » — « A moi ! quelle folie; il serait en mon pouvoir de changer le Prince, y pensez-vous? en vérité, je vous croyais plus raisonnable. »

« Votre modestie, chère Louise, ne vous permet point d'apprecier l'influence qu'une femme jeune, belle et vertueuse, peut prendre sur un souverain. Henri a besoin de trouver une amie qui l'entretienne avec franchise, qui fasse tomber de ses yeux le voile dont ils sont enveloppés ; vous pourrez lui tout dire, sa galanterie ne lui permettra pas de s'en offenser ; il sera flatté de vous intéresser, il y trouvera un charme propre à le guérir de plus dangereuses illusions, il s'y abandonnera avec délices, et, peu à peu, votre empire s'établissant, vous l'arracherez à la magicienne qui le séduit, vous le rendrez à la gloire, à son devoir et à la Princesse, qui se montrera reconnaissante de votre dévouement en cette occasion. »

« Ce que vous me dites, Wilhelmine, me trouble étrangement. Je vois bien que son Altesse ne hait pas de causer avec moi ; mais, de là au pouvoir que vous voulez que je prenne sur son âme, la route est longue, je craindrais mon inexpérience et les piéges dont on ne manquerait pas de m'environner. » — « Votre terreur serait mal fondée de toute manière ; des amis éclairés et prudens se feraient un devoir de diriger votre conduite; ils veilleraient en même temps sur les dangers dont vous avez tort de vous alarmer. Essayez une seule fois de causer avec le Prince; voyez par vous-même si je me trompe en avançant qu'il vous veut pour amie; d'ailleurs, à part toutes les considerations que j'ai fait valoir à vos yeux, votre intérêt particulier exige impérieusement cette entrevue. Hier, mon père entendit le premier Ministre dire que l'on ne pensait pas à prolonger le voyage de l'Envoyé en Danemarck. M. Schullestein va reparaître, et avec lui les persécutions de vos parens; vous allez être tourmentée de toute manière, et vous épouserez peut-être l'objet de votre aversion, parce que vous n'aurez pas su faire une démarche, dont le succès vous comblerait d'allégresse par les importans résultats qu'elle amènerait. »

— « Vous avez l'art, Wilhelmine, de me faire vouloir ce que vous souhaitez; cependant, avant de m'engager plus avant dans cette route, ne serait-il pas convenable de prendre l'avis de gens plus raisonnables que nous? ne devrais-je point, par exemple, consulter ma tante? » — « Je n'y vois pas le moindre inconvénient, » dit la dissimulée Wilhelmine entendant Louise lui demander ce qu'elle voulait lui insinuer; « votre tante, plus que toute autre, peut vous prêter les lumières de son expérience et de son amitié; je me flatte que sa pensée sera conforme à la mienne, et, si vous m'en croyez, vous l'interrogerez sur-le-champ. »

CHAPITRE XXXV.

Les Princes ne feraient point le mal, si de vils complaisans ne leur frayaient les voies. Comédie *manuscrite*.

Mademoiselle de Worms, sans attendre la réponse de l'Orpheline, se hâta de courir dans la chambre de madame de Sebendal : « Elle est à nous, s'écrie-t-elle en entrant, elle consent à parler au Prince, elle ne demande plus que vos avis pour se décider. » — « Charmante, adorable fille ! s'écria la Comtesse, vous seriez un trésor pour un époux. Plaise à Dieu qu'on ne vous enlève point à celui que je vous destine ! » Elle dit, et embrassant plusieurs fois l'ambassadrice secrète, elle court au salon où Louise rêvait à tout ce qu'on venait de lui dire.

« Tu me demandes, dit madame de Sebendal ? Ton amie est venue me prier de ta part de venir te donner mes conseils. Tu sais, mon enfant, à quel point tu m'es chère ? va, je ne souhaite que ton bonheur, et la plus tendre amitié dictera ma réponse. » Louise, rassurée par ce ton affectueux, n'hésita pas à confier à sa tante ce que mademoiselle de Worms lui avait dit : elle conta le tout dans le plus grand détail, et la dame d'honneur l'écouta avec la plus entière attention, et gardant un profond silence : « J'avoue, chère nièce, mon étonnement, lui dit-elle enfin, des propositions que vient de te faire Wilhelmine ; je connaissais bien à ton amie un bon cœur, de l'esprit, du jugement ; mais je ne me doutais pas qu'elle eût des vues aussi profondes. Plus d'une fois, j'ai déploré, comme elle et comme tous les nôtres, l'asservissement du Prince, et ma longue expérience me disait que pour l'en arracher il faudrait, non les supplications des hommes d'état, mais l'ascendant de la vertu, de la beauté et de la jeunesse. Oui ! ma nièce, ce triple charme obtient un empire irrésistible, que les princes ne rougissent pas de reconnaître! Je ne me dissimule pas, d'autre part, que son Altesse ne se plaise avec toi; la chose est si naturelle ! tes grâces sans apprêt, ta bonhomie si aimable, cette franchise, dont malheureusement je donne seule l'exemple dans cette cour, tout réunit sur toi l'estime et l'affection du Prince. Tu serais alors coupable aux yeux de Dieu, comme à la patrie, de te refuser à devenir l'égide du Souverain, à le distraire de sa faiblesse, à lui faire reprendre un plus digne chemin. Je ne te dirai point que tu travailleras en même temps à la splendeur de ta famille; tu deviendras sa bienfaitrice, tu la feras rougir de ses torts envers toi. Non ! quelque forte que dût être cette considération, elle te devient particulière, et tu ne dois pas t'en occuper; songe seulement à la prospérité de l'état, aux bénédictions qui t'attendent, et tranquillise-toi avec ta conscience. Tu laisseras les méchans chercher à te calomnier, car où trouveraient-ils ailleurs des armes pour te combattre? Cependant, si tu m'écoutes, ne va pas, dès l'abord, entamer avec le Prince, quand le hasard te mettra en rapport avec lui, les hautes questions de son amour et de la politique; contente-toi de lui demander une légère grâce; ce sera un moyen pour lui parler souvent, et, peu à peu, méritant sa confiance, tu ne t'avanceras qu'alors que tu seras certaine d'avoir pris sur lui l'ascendant auquel il ne résistera pas.

Le conseil donné par la Comtesse à sa nièce annonçait ses vastes connaissances dans le champ de l'intrigue. Louise était trop naïve, pour pouvoir en démêler l'horrible perfidie; elle n'y vit que la gloire de renouer les liens qui attachaient un prince à ses sujets, de l'enlever à une passion déplorable qui causait sa ruine, et elle ne songea pas une seule fois que c'était la place de l'Italienne qu'on lui proposait. Elle était presque décidée à suivre la route qu'on lui traçait, lorsqu'un valet de pied, ouvrant précipitamment la porte du salon, annonça son Altesse. « Oh! ciel, s'écria la Comtesse, comme si à l'avance elle n'eût point su la visite qu'Henri lui devait faire. Ceci paraît mon enfant, un coup de la Providence, vous avez la preuve en cette rencontre, qu'elle vous dicte votre devoir. Adieu, recevez Henri; dites-lui que je suis chez la Princesse. Wilhelmine, viendra vous rejoindre quand il en sera temps. » Elle dit, et s'échappe; le Prince arriva presqu'en même temps : il parut surpris et charmé tout à la fois de rencontrer l'Orpheline.

« Je croyais, lui dit-il, trouver madame de Sebendal dans son appartement; mais si je ne puis lui rendre mes hommages, je m'en dédommagerai en les transportant à son aimable nièce. » Louise, honteuse de ce discours galant, et profondément émue en songeant qu'elle était seule avec le Prince, put à peine lui faire entendre que la Dame d'honneur faisait son service, et qu'elle serait au désespoir de ne pas avoir reçu son Altesse.

« Le mal est réparé, mademoiselle, une autre fois je serai plus heureux ; j'ai des grâces à rendre à la Comtesse de vous avoir amenée à ma cour : vous en ferez l'ornement le plus agréable, et, sans doute, nous aurons le plaisir de vous y retenir longtemps. » — « Il pourrait bien se faire que je la quittasse plus tôt que je ne voudrais peut-être, reprit Louise, charmée de saisir un moyen d'entamer la conversation sur le sujet qui lui importait davantage. » — « Quoi ! mademoiselle, nous serions menacés de vous perdre ? Eh ! qui causerait cet éloignement, si préjudiciable à tous ceux qui ont eu le bonheur de vous connaître ? »

— « On dit, monseigneur, que votre Altesse va rappeler le baron de Schullestein. » — « Eh bien ! son retour comblera vos vœux : brûlant tous les deux d'une égale tendresse, vous irez après votre union vous ensevelir dans un vieux château. Il est heureux ce jeune homme ! et je vois avec peine que votre affection pour lui nous privera de vous posséder en ces lieux. » — « Si j'osais parler à votre Altesse, je lui expliquerais ma pensée. » — « Quoi! mademoiselle, je vous inspirerais quelque crainte? Ah! rassurez-vous, je ne vous suis pas connu encore; vous ignorez avec quel zèle je m'empresserais à vous obéir. »

— « Eh bien! dit-elle, je vais parler avec toute confiance : vos bontés me rassurent, et je vous demande d'être mon protecteur. Elevée dès mon enfance avec le baron de Schullestein, je n'ai pu éprouver pour lui cette passion nécessaire au bonheur de la vie. Son caractère n'a jamais sympathisé avec le mien : vainement ma franchise lui a fait lire dans mon âme; il n'a pas voulu écouter mes supplications, et malgré moi, s'il ne faut rien vous taire, il a obtenu ma main de mes parens. » — « Ah! mademoiselle! combien je sens tout le prix d'une pareille confidence! Vous n'aurez pas à vous en repentir : oui, je veux être votre appui, votre protecteur; je vous secourrai dans le péril qui vous menace, ou plutôt il n'existe plus, dès que je vous engage mon appui. Mais comment se fait-il que la comtesse de Sebendal soit au nombre de vos persécuteurs? » — « Non, monseigneur, elle ne s'y trouve pas; elle a mis seule, en m'appelant à la résidence, un premier obstacle à l'hymen que je ne pouvais souffrir, et c'est la manière dont elle m'a vanté la bienveillance de votre Altesse qui m'a donné le courage de vous parler de mes chagrins. »

— « Ainsi vous ne verriez qu'avec peine le retour de mon envoyé en Danemarck? » — « Je crois vous l'avoir avoué. » — « Rassurez-vous, les affaires dont le baron Charles est chargé le retiendront durant plusieurs mois, et, à son retour, je me flatte qu'il ne se permettra plus de songer à vous. »

Louise, transportée de la certitude que lui donnait le Prince, fut sur le point de se jeter à ses pieds pour l'en remercier: Henri, de son côté, heureux par-delà toute expression, et croyant libre le cœur de mademoiselle d'Hertal, allait peut-être lui faire connaître ce qu'il éprouvait pour elle, lorsque Wilhelmine, qui était aux aguets, jugea qu'il était temps de paraître; elle entra dans le salon en courant, comme si elle eût cru trouver Louise toute seule, et, à la vue du Prince, elle s'arrêta, et fit une grande révérence. Henri, fâché de sa venue, se contenta de la saluer en silence, et après quelques momens d'un entretien insignifiant, il quitta l'appartement, ayant dit à voix basse à Louise: « Soyez sans crainte, nous causerons encore de vos interêts. »

Dès qu'il fut sorti, Wilhelmine demanda à sa compagne ce qui s'était passé dans cette entrevue, et Louise lui avoua que le Prince, en s'engageant à faire rompre le mariage, objet des désirs de Schullestein, en avait témoigné une joie excessive. « Vous le voyez, ma chère, lui dit la jeune corruptrice, si je vous ai trompée; nierez-vous que son Altesse ne soit disposée à se laisser diriger par vous? Laissez passer quelques jours encore, et vous aurez l'assurance dupouvoir que vous prendrez sur lui; mais n'oubliez pas de le conduire à convenir de la perte de l'Italienne : tant que la Marquise habitera la résidence, on espèrerait vainement ramener le Prince à des sentimens dignes de sa grande âme. » — « Eh! comment pourrai-je m'y prendre, pour obtenir de lui un pareil sacrifice? »

— « Une excessive amitié peut l'emporter sur un amour qui s'éteint : soyez pour lui gracieuse et amusante ; qu'il n'éprouve pas le besoin de recourir à cette enchanteresse, et vous verrez qu'insensiblement il se détachera d'elle pour ne se plaire qu'avec vous. Ce sera alors le moment de le ramener vers son épouse ; nous ne devons pas aujourd'hui nous en occuper : chaque chose en son temps, a dit le sage, et le sage a eu raison. » C'était par de pareils discours empoisonnés, que Wilhelmine troublait l'âme franche de sa compagne. Louise aurait eu peine à se démêler des piéges insidieux qu'on lui tendait, si elle eût été plus éclairée ; combien donc, avec une plus grande facilité, pouvait-on la surprendre, elle qui supposait aux autres sa droiture et ses excellentes qualités !

La Comtesse n'était pas non plus éloignée. Sa joie fut extrême en apprenant la démarche de Louise ; elle en espéra le plus heureux résultat, et elle l'exhorta à ne pas rester en chemin, mais à poursuivre, puisque le Prince paraissait l'écouter avec une véritable amitié. L'Orpheline, complétement dupe de tout ce qu'on lui disait, fut d'abord charmée du crédit qu'elle pouvait prendre. Dans l'arrière-pensée de s'en servir plus tard en faveur de son Léopold, elle crut devoir user avec lui de réserve en cette conjoncture, se promettant de le surprendre un jour par les bienfaits qu'elle espérait faire répandre sur lui.

Chaque matin il venait travailler au portrait de Louise ; mais jamais l'Orpheline ne se rencontrait seule avec lui. La Comtesse, Wilhelmine, ou deux femmes de chambre, assistaient à la séance, et ce n'était que par des regards dérobés qu'il leur était possible, de se parler de leur amour. Léopold, se surpassait lui-même dans ce nouvel ouvrage. Le portrait prenait une telle vie, que le petit nombre d'élus admis à le voir en était dans une complète admiration. Il ne se doutait pas, le noble jeune homme, que ce chef-d'œuvre, auquel il donnait tous ses soins, devait être exposé aux regards du Prince, et que c'était un des mille moyens dont on voulait se servir pour enchaîner le Souverain. Ah! si un pareil soupçon eût pénétré dans l'âme noble de Léopold, avec quelle indignation il eût brisé cette toile qu'il rendait vivante! et où son courroux se fût-il arrêté? c'est ce que nous ne pouvons point dire, mais ce que la suite prouvera peut-être.

CHAPITRE XXXVI.

La faveur met l'homme au-dessus de ses égaux ; et sa chute au-dessous LA BRUYÈRE.

Henri, après son entrevue avec mademoiselle d'Hertal, rentra ému de divers sentimens. Le premier, sans doute, était celui où le plaçait la certitude que le baron de Schullestein n'était point aimé de la fille d'honneur. Cette assurance détruisait complétement les assertions contraires du comte Ernest de Mansdorf, et élevait déjà un léger soupçon contre ce dernier. Dans le moment, un page remit à l'Altesse une lettre qu'un inconnu avait apporté d'une façon mystérieuse, et qui, disait-il, renfermait un secret qui ne devait être connu que du Prince. Henri était accoutumé à ce genre d'annonce : chaque jour on lui présentait une foule d'avis, donnés ou par la méchanceté, ou par la jalousie, et quelquefois en de bonnes intentions. Il tenait négligemment le papier dans la main, ne l'ayant pas décacheté encore, lorsque le Chambellan se montra à la porte du cabinet.

« Je suis enchanté de vous voir, lui dit l'Altesse; il paraît, comte de Mansdorf, que vous aviez été mal informé sur les sentimens secrets de mademoiselle d'Hertal. Vous vous trompiez étrangement, lorsque vous m'assuriez que son cœur était sensible aux soins et à l'amour du baron de Schullestein. » — « Je prendrai la liberté d'affirmer à son Altesse que je persiste encore dans mon opinion. J'ai su, d'une façon trop positive, la mutuelle tendresse de ces nobles fiancés, pour me permettre d'en douter. » — « Gardez cette croyance, Ernest, et laissez-moi celle que vous êtes dans l'erreur. » — « Eh ! Prince, pensez-vous qu'on ne vous a pas trompé? Ne peut-on avoir des projets dont l'exécution demande que vous soyez persuadé de l'insensibilité du cœur de mademoiselle d'Hertal ? enfin, que pourriez-vous me répondre, quand je vous dirai que je tiens des fiancés eux-mêmes.... » — « Comte de Mansdorf, dit le Prince en l'interrompant, prenez garde à ce que vous allez annoncer ! Eh bien ! que vous ont appris la fille d'honneur et le baron Charles ? » Ernest, foudroyé par le ton imposant de son maître, n'osa pas dire, et bien lui en prit, ce qu'il ne savait pas ; il répliqua seulement : « Charles m'a toujours assuré qu'aimant dès son enfance mademoiselle d'Hertal, il l'avait toujours vue disposée à répondre à sa tendresse. D'ailleurs, Altesse, que peut enfin m'importer une chose semblable ? Je ne vous en parle que pour vous éclairer sur la vérité. Je suis, il est vrai, l'ami de la Marquise ; mais enfin si vous ne voulez pas croire à ce qu'on m'a rapporté, comme mon intérêt personnel ne se trouve point mêlé en rien de tout ceci, je vous laisserai croire.... »

— « Tenez, monsieur, qui êtes si désintéressé dans cette circonstance, lisez cette lettre qu'on vient de me remettre ; elle vous aidera à vous justifier. « Par un mouvement machinal durant sa conversation avec Ernest, le Prince avait décacheté la missive qu'un page lui avait naguère apportée. Il y avait jeté les regards, et quel ne fut pas son étonnement en lisant un écrit anonyme dans lequel on accusait le comte de Mansdorf d'aimer mademoiselle d'Hertal, et de faire naître des obstacles à l'amour de son maître, dont toute la résidence connaissait déjà la passion, disait cette lettre si adroite et si dangereuse. Ernest avait beau être courtisan, il ne put en aucune manière cacher son embarras et sa confusion ; elle éclata aux yeux du Prince.

« Eh bien ! monsieur, dit il sévèrement, dois-je maintenant vous en croire sur parole, et pensez-vous que cet avis soit à dédaigner? Que m'objecterez-vous pour le combattre ? Alors, pour achever de vous confondre, je vous apprendrai que tout à l'heure, mademoiselle d'Hertal m'a supplié de prendre le soin de rompre son mariage avec le baron de Schullestein, qu'elle aime, dites-vous, si éperdument. Allez, sortez de ma présence, et n'y reparaissez que lorsque je vous ordonnerai de revenir. »

Ce coup terrible, ce coup si inprévu, anéantit Ernest. Il essaya vainement de se justifier : écrasé par l'évidence, il ne lui restait qu'à se soumettre et à plier pour le moment. Il se retira la rage dans l'âme, et courut chez la Marquise, à laquelle il raconta ce qui venait de se passer. Fiorina comprit qu'il ne fallait point perdre de temps, et que si elle laissait consommer la disgrâce de Mansdorf, elle était perdue elle-même dans cette opinion. Elle se hâta de passer par des corridors secrets qui communiquaient avec le cabinet du Prince, et elle parut devant lui au moment où il s'y attendait le moins. En la voyant il tressaillit et se hâta de cacher soigneusement la lettre anonyme qui était partie de chez la Comtesse, et par laquelle madame de Sebendal avait imaginé de se venger des insinuations menaçantes du Chambellan ; et elle pouvait se vanter d'avoir réussi dans ses projets. Jamais papier ne produisit un effet semblable, et ne fut remis en un moment plus opportun.

Le Prince le tenait encore, lorsque la Marquise entra. Il le lisait avec complaisance, car il était charmé que sa nouvelle inclination fût publique ; il ne lui devenait plus nécessaire de la dissimuler, et dès lors il pouvait se livrer sans contrainte au penchant qui l'entraînait vers Louise. Il ne demandait, en ce moment, que d'être certain qu'on ne chercherait pas à éclairer la Princesse, et il promettait toute sa colère à celui qui oserait prendre ce soin. Mais plus il était impatient de se livrer à ce que lui inspirait cette ardeur nouvelle, moins il se sentait de force pour résister à la Marquise; et vaincu par la longue habitude de l'obéissance, au moment où Fiorina perdait le cœur de son amant, il était disposé plus que jamais à lui complaire en toute chose.

« Je viens, lui dit-elle avec douceur, pour satisfaire aux désirs d'un ami qui m'est bien précieux et auquel pendant longtemps vous vous êtes plu à donner ce titre ; je l'ai laissé chez moi dans un état plus voisin de la mort que de la vie et désespéré de vous avoir déplu. J'ai vainement cherché à savoir de sa bouche la cause de sa disgrâce, il l'enveloppe dans un respectueux silence ; il m'a seulement appris que vous lui aviez défendu de se présenter devant vous. Est-ce vrai, Monseigneur ? et faudra-t-il qu'après tant d'années où il a joui de votre confiance, il se voie congédié subitement ? »

— « Si le comte de Mansdorf avait commis un crime, répliqua l'Altesse en souriant, il lui serait pardonné en faveur de son aimable intercesseur, et puisqu'il n'est coupable que d'imprudence, je ne me montrerai pas plus inflexible que je ne l'aurais été dans le premier cas ; vous pouvez, Madame, revenir auprès de lui, et le rassurer dans son inquiétude. Emporté par un prompt mouvement dont je n'ai pas été le maître, j'ai agi trop brusquement avec lui; je devais avoir égard au trouble de son âme, et ne pas le juger d'une façon aussi sévère; mais je me flatte que vous nous raccommoderez ensemble : je ne renonce pas aussi facilement à notre vieille, à notre excellente amitié. »

Le Prince se peignait tout entier dans ce discours : il avait le cœur digne de connaître le plus doux sentiment de la vie, celui qui en cicatrise toutes les plaies. Poussé par sa colère et par la duplicité d'Ernest, il l'avait rudoyé sans réflexion; mais bientôt après, se trouvant plus calme, se rappelant les charmes de Louise, il ne put voir avec indignation l'amour que portait Ernest à cette belle personne, et excusant dans autrui ce qu'il éprouvait lui-même, il regretta d'avoir blessé son confident, celui qu'il croyait son ami. La Marquise, d'ailleurs, en parlant pour Mansdorf, devait nécessairement amener le Prince à l'indulgence; il n'eût pas voulu par un refus aigrir Fiorina, et l'engager à lui reprocher une tendresse qu'il souhaitait pouvoir dérober à ses regards; il lui renouvela donc les assurances de ses bontés pour Ernest, et elle sortit enchantée d'une victoire qui lui parut être de bon augure et raffermir son empire menacé.

Un courtisan qui a perdu les bonnes grâces de son maître appréciera vivement la joie que dut éprouver le Chambellan, lorsque la Marquise se présentant à lui s'écria : « La tempête n'était pas aussi dangereuse que vous paraissiez le craindre, Ernest; vous êtes toujours chéri de votre maître: hâtez-vous de revenir auprès de lui; il m'a chargé de vous exprimer les regrets de son emportement, il n'en conserve aucune trace. » A ces mots enchanteurs, Ernest transporté se jeta à genoux devant Fiorina, et baisant sa main avec délire, lui jura de se dévouer à son tour pour elle, et il courut vers le Prince qu'il avait un instant redouté de trouver inexorable. Contre l'usage de ses pareils, Henri n'éprouva pas d'embarras en revoyant son Chambellan.

« Venez Ernest, lui dit-il, nous servons tous deux sous la même bannière ; heureux à qui demeurera l'honneur du combat. » Pour la première fois peut-être, Mansdorf repoussant tout déguisement voulut employer le langage de la vérité. « Monseigneur, ce n'est plus à moi à vous disputer la victoire ; le jour précédent a éclairé ma défaite, et si votre Altesse eût voulu tantôt m'entendre, je lui aurais expliqué ma mésaventure complète. » — « Que voulez-vous dire, en me parlant ainsi ? »

— « Que je vous demande un pardon généreux : il vous sera d'autant plus doux de vous montrer magnanime, que le châtiment a déjà suivi mon offense. Aveuglé par les charmes de mademoiselle d'Hertal, je n'ai pas craint de le lui apprendre ; j'ai voulu pareillement obtenir sa main du pouvoir de madame de Schendal ; eh bien ! j'ai échoué dans l'une et l'autre tentative, et la lettre qui tantôt m'a perdu est, je le présume, une ruse de la Comtesse. » — « Y songez-vous, Ernest? la Comtesse m'avertirait de vos entreprises et du bruit que fait mon inclination! dans quel but le ferait-elle? »

— « Monseigneur, on trouve que Votre Altesse ne se prononce pas assez vite, on veut la contraindre à se déclarer hautement. » — « Allons, allons, vous êtes un malicieux personnage, et parce que la Comtesse a refusé de vous accorder sa nièce, vous la calomniez aujourd'hui. » — « La calomnier; c'est impossible! en médire, à la bonne heure. » — « Vous avez été repoussé par mademoiselle d'Hertal, elle ne peut souffrir l'époux qu'on lui destine; son cœur serait-il libre? Si je le croyais! » — « Et pourquoi ne pas chercher à le connaître? » — « Je voudrais m'en assurer, et si vous étiez assez mon ami.... »

— « Cet effort..... » — « Sera pénible, mais est-il rien d'impossible à l'amitié? » — « Ce mot m'ordonne de me devouer; je reparaîtrai donc chez la Comtesse? » —

« Je vous y amènerai avec moi, et mes paroles la convaincront que jamais nous n'avons été mieux ensemble ; dès lors elle vous accueillera, et je laisse le reste à votre habileté. » — « Mais, Monseigneur, la Marquise..... » — « Gardez avec elle un profond silence. » — « Elle s'éclaire sur nos nouveaux sentimens et tout à l'heure elle m'a dit, quand je refusais de lui apprendre la cause de ma disgrâce, qu'elle ne doutait pas de votre amour pour la Fille d'honneur. » — « Elle a tort de parler ainsi ; elle doit avoir pour moi plus de complaisance. » — « Et le moyen ? elle est femme, elle aime un souverain, et le sang italien coule dans ses veines. »

— « Tout a un terme, Ernest. » — « Hors vos vertus, Monseigneur, et ma reconnaissance. » — « Brisons là-dessus si vous m'en croyez : que le passé soit perdu dans notre mémoire, et vous aurez à vous louer de l'avenir et de mon attachement. » Ici, l'arrivée du premier Ministre força Ernest à se retirer, et le Prince demeura seul avec le comte de Waldein ; c'était l'heure du travail et des signatures, le moment où Henri redevenait lui-même, et où la vertu était écoutée.

CHAPITRE XXXVII.

. . . *Quæ res in se neque consilium neque modum*
Habet ullum, eam consilium regere non potest.
TÉRENCE, l'*Eunuque*, act. 1, sc. 1.

La prudence ne gouvernera point la passion qui n'admet ni prudence ni mesure.

La Marquise cependant était loin d'être sans inquiétude: la facilité du Prince à lui accorder le pardon du Chambellan lui paraissait moins une preuve de tendresse, que le besoin de la consoler par des faveurs de la chute prochaine qu'un caprice lui réservait. Retirée dans son appartement avec le conseiller Hermann, qui partageait ses inquiétudes, car sa ruine était attachée à celle de Fiorina, celle-ci se perdait dans ses conjectures, et cherchait dans sa tête le moyen de parer le coup dont elle allait être frappée.

« Oui, disait-elle, je ne puis le dissimuler, madame de Sebendal me combat avec avantage ; je vois que le succès penche de son côté, et mon génie ne me propose rien de convenable pour faire changer la fortune. Se peut-il, Hermann, que vous aussi ne trouviez rien dans votre esprit inventif ? Quoi ! m'abandonnerez-vous dans une lutte à laquelle vos intérêts sont si étroitement liés ? » — « Vous ne devez pas le croire, Madame ; depuis le jour où j'ai acquis la conviction des projets de la dame d'honneur, je me tourmente pour rencontrer un moyen de les contrecarrer, et mes tentatives sont infructueuses ; je vous dirais bien ce dont j'ai été témoin ; mais quelle apparence que cela nous puisse être bon à quelque chose ? »

— « Dites toujours, on peut voir jaillir quelques clartés de ce qui vous paraîtra le plus obscur ; je tirerais un grand parti de la chose qui semblerait la plus indifférente. » — « Le lendemain du jour où nous fûmes ensemble chez M. de Wernow, je m'y rendis de nouveau, sachant que la Princesse régnante devait y paraître, et voulant lui faire ma cour. La Dame d'honneur s'y trouva avec elle; elle y amena mademoiselle d'Hertal, et la fille du Grand-Maréchal. Les deux jeunes personnes ne tardèrent pas à être abordées par ce même personnage, à qui la veille vous aviez fait un accueil si étonnant, et qui y répondit si mal. A la vue de votre rivale, ses yeux étincelèrent et se remplirent d'amour ».

— « Bon! que dites-vous là, Hermann? Léopold aimerait la Fille d'honneur? »

— « C'est du moins ce que je crois, et j'en ai eu la preuve: mademoiselle d'Hertal lui fit une proposition pareille à la vôtre, celle de faire son portrait. Ah! ici, je vous jure, il ne chercha point à la refuser; il y consentit bien au contraire, avec cette ivresse d'une âme passionnée, qui se rapproche de l'objet de son ardeur; il parut recevoir cette prière comme une faveur précieuse, et la jeune personne, également, semblait être certaine que sa demande ne serait pas repoussée. Voilà ce que j'ai vu. Il ne me paraîtrait pas extraordinaire que ce bel Adonis, l'ami d'enfance de mademoiselle d'Hertal, n'ait parlé peut-être à son cœur, et alors. . . »

— « Oui, Hermann, la chose doit être comme vous le présumez : votre découverte est plus importante que vous n'avez pu le croire ; je ne doute pas qu'un amour mutuel ne les entraîne l'un vers l'autre. Ah ! comment une femme pourrait-elle résister à l'amour d'un homme si supérieur à tous ceux qui l'entourent ! Oui, Reich est l'amant du choix de mademoiselle d'Hertal, et, s'il est aimé, le Prince parviendra difficilement à l'être. » — « Vous me permettrez d'en douter, madame, car enfin la distance est si grande du fils d'un pasteur à un souverain, qu'il me semble impossible... » — « Oui, pour vous, mon cher Conseiller, pour vous accoutumé à ne voir, à ne désirer que la faveur du Maître ; mais un jeune cœur, épris d'une première tendresse, a bien d'autres calculs, à la sublimité desquels le vôtre ne saurait atteindre. De tous les sentimens, le plus désintéressé, sans doute, est celui de l'amour, quand il est poussé à son plus haut degré. Si mademoiselle d'Hertal aime véritablement Léopold, et il me paraît si facile de le chérir à l'excès! le Prince poussera des soupirs inutiles; mais il faut s'en assurer; il faut entourer les amans d'espions à nos gages, éclairer toutes leurs démarches, et nous rendre maîtres de tous leurs secrets. J'avais un commis dans les bureaux du premier Ministre, qui nous eût servi de tout son pouvoir; j'étais sa seule protectrice; l'imbécile a voulu conspirer contre Léopold, et le comte de Waldein l'a chassé sur l'heure; il en est courroucé : je puis employer sa haine, elle nous aidera mieux encore que la puissance de l'or. »

Hermann, malgré tout ce que lui disait l'Italienne, n'était pas entièrement persuadé que Louise préférât l'amour obscur de Léopold à la gloire infâme de captiver le Prince. Cette âme de boue prêtait aux autres ses misérables idées, et généralement il ne se trompait pas. La Marquise dérobait aussi une partie de ce qui se passait en son âme. Le croirait-on? la froideur que Reich lui avait montrée, et la connaissance qu'elle acquérait de sa passion pour l'orpheline, rallumèrent en elle le dépit et l'amour. Combien aussi il lui en coûtait de ne pas employer tous ses soins à contrarier l'inclination de celui qui, autrefois, avait fait le bonheur de sa vie ! non-seulement elle ne pouvait pas lui nuire; mais son intérêt la contraignait à la protéger dans ce moment, puisqu'il n'était plus que ce moyen pour parer le coup dont elle était menacée.

Sur ces entrefaites, Ernest revint désespéré intérieurement de ce que le Prince exigeait de lui; il n'osa jamais l'avouer à la Marquise, et ne l'entretint que de l'indulgence d'Henri. Fiorina, qui le soupçonnait, avec juste raison, d'aimer mademoiselle d'Hertal, ne fut pas fâchée de lui communiquer la découverte qu'elle venait de faire avec le secours du Conseiller aulique. « Vous ne vous doutez pas, lui dit-elle, cher Mansdorf, quel puissant auxiliaire la fortune nous envoie : Mademoiselle d'Hertal n'est plus maîtresse de ses affections ; un vainqueur triomphe d'elle, et l'amour a soumis cette belle personne. »

— « Vous le croyez, Marquise ; eh bien ! détrompez-vous, dit Ernest en déguisant son émotion : c'est un conte dont on aura voulu vous égayer ; je la vois assez souvent, et jusqu'à ce jour elle m'a paru indifférente. » — « Je ne suis pas trompée, et vous serez, sans peine, comme moi, convaincue de la possibilité de cette tendresse, lorsque vous en connaîtrez l'objet. Vous souvenez-vous de votre voyage en Italie avec le Prince ? Avez-vous oublié ce jeune Léopold, qui était si bien parvenu à conquérir son amitié et votre haine ? » — « Ce serait lui !.. » — « Oui, Ernest ; c'est ce Léopold qui, élevé avec mademoiselle d'Hertal, est parvenu à trouver le chemin de son âme. »

» Vous me faites frémir, Madame ; ce que

vous me dites serait-il possible? » — « Tout est vrai dans mon récit ; j'ai vu moi-même Léopold ; il est à la résidence, et Hermann a acquis les preuves de son intelligence avec la Fille d'honneur. » — « Vous me confondez par ce que vous me dites, Madame : que fait-il ici cet odieux Reich? Vient-il pour regagner la confiance du Prince ? il ne me manquerait plus que ce dernier malheur. Je le croyais errant en Europe ou confiné dans son village, et il est près de nous, et il aime et il est aimé de mademoiselle d'Hertal ! Voilà un coup qui achève de m'abattre. Le souffrirez-vous? Ne songez-vous pas à le punir et à l'eloigner? »

Fiorina, à ce discours d'Ernest, comprit sans peine qu'elle l'avait frappé par l'endroit le plus sensible, et fière de cette petite vengeance, elle lui répondit comme si elle n'en eût pas deviné l'effet : » Quelle que soit la haine que je porte à ce jeune homme, je trouverais le moment mal choisi pour le poursuivre ; il doit au contraire obtenir aujourd'hui toute notre protection : la chose principale est sans doute d'écarter Henri de sa passion nouvelle, et si la Fille d'honneur est vaincue par l'amour, désormais elle ne sera plus à craindre pour nous. D'ailleurs, Ernest, perdre Léopold ne serait pas un acte des plus faciles : vous ignorez quel est son protecteur, et vous changerez de langage quand vous apprendrez qu'il est le premier secrétaire et le favori du comte de Waldein. »

— « Allons, Madame, de plus en plus enfoncez un poignard dans mon cœur : quoi ! je ne pourrai écraser cet être insolent, qui traitait d'égal à égal avec le Prince et qui me laissait à une si immense distance de lui ! Certes vous avez beau dire, je ne consentirai pas à le laisser en repos. Cependant (poursuivit Ernest en s'apercevant de l'impatience de Fiorina), je resterai tranquille quelques momens encore, puisque vous le souhaitez. » La Marquise essaya de lui en faire comprendre la nécessité. Hermann, qui avait été témoin de ce débat, voulut à son tour endoctriner Mansdorf : celui-ci l'écouta à peine. Une seule pensée l'occupait alors, celle du triomphe que Léopold emportait alors sur lui.

Madame d'Oppenheim entra tout émue : « Chère Marquise, dit-elle, savez-vous que le Prince a passé une partie de la journée chez madame de Sebendal pendant l'absence de celle-ci ? il n'a trouvé que mademoiselle d'Hertal ; ce hasard lui a paru heureux, le bon Prince a cru à cette rencontre fortuite, et moi je vous assure que tout cela était concerté. On ne parle pas d'autre chose dans toute la résidence, et je le tiens du Grand-Maréchal. Il s'empressait de raconter ce fait avec une importance ! un ton !... Je ne m'y trompe pas, ou la cabale de la Dame d'honneur est sur le point de parvenir à vous nuire. »

— « Je vous remercie de l'intérêt que vous me témoignez, répliqua la Marquise en affectant une extrême indifférence ; mais je ne pense pas avoir à redouter tout ce que vous paraissez vouloir me faire craindre : une visite à madame de Sebendal est-elle une chose si extraordinaire ? Est-ce la première fois que le Prince a paru chez elle ? » — « Il était, Madame, répliqua l'interlocutrice, assez peu important autrefois que le Souverain fût ou ne fût pas chez la Dame d'honneur; mais aujourd'hui ce n'est pas de même : on connaît les vues de cette intrigante, on sait à quoi tendent ses menées, et, à votre place, je la surveillerais attentivement. » — « Soyez persuadée que je m'en occupe, et mon amitié vous récompensera de ce que vous me dites en cette circonstance. »

Un nouveau personnage vint augmenter le cercle, c'était le Grand-Échanson : il ne pouvait oublier la perspective que la Marquise lui avait fait entrevoir, et il s'apercevait que la cabale de madame de Sebendal marchait droit à la victoire ; il ne voulut pas abandonner ainsi la partie, et quoiqu'il eût été battu dans sa première tentative, lorsqu'il avait voulu presser le mariage du jeune Schullestein, il se préparait à tenter de nouveau la fortune. Le bruit de la visite du Prince à Louise était pareillement parvenu jusqu'à lui ; il en trembla, et il venait offrir à la Marquise ses services et son dévouement.

« Madame, lui dit-il, je ne puis plus me taire : comme tuteur de mademoiselle d'Hertal, je dois veiller sur sa conduite afin de la remettre sans tache à l'époux choisi par sa famille; j'apprends cependant que sa tante veut perdre cette jeune personne; je suis instruit de ses plus secrètes menées, et il m'est impossible de les souffrir. » — « Je pense comme vous, s'écria Ernest emporté malgré lui, et oubliant la promesse qu'il avait faite au Prince; vous devez en cette circonstance user de votre autorité. » — « Cela vous ferait un honneur infini, dit à son tour madame d'Oppenheim, et la Marquise reconnaîtrait un pareil service. »

— « Je me suis expliquée avec le Baron, ajouta à son tour l'Italienne : il sait ce que j'attends de lui, et la récompense qui lui est promise. » — « Je la mériterai, Madame, assura le Grand-Echanson, je tendrai, moi aussi, mes filets; mais ce sera pour y prendre les coupables. Je vais en vous quittant mander tout ce qui se passe au comte Otthelin d'Hertal, chanoine de Magdebourg et frère du père de la Fille d'honneur ; il chérit sa nièce, il respecte sa famille, et je suis persuadé qu'il se hâtera de venir la secourir contre une audacieuse intrigante. » — « Voilà, dit madame d'Oppenheim, un moyen qui me paraît devoir être victorieux ; un ecclésiastique nous sera de la plus grande utilité : son caractère le rendra plus inflexible aux cajoleries de la Comtesse, et sa venue déconcertera étrangement cette dame. »

Tout le cercle partagea l'opinion de madame d'Oppenheim ; on loua le Grand-Échanson ; on l'engagea de ne pas retarder à faire partir la lettre, et un mot que la Marquise lui dit en secret acheva de lui donner toute l'intrépidité nécessaire pour pousser à bout son entreprise. Il s'éloigna donc sans plus attendre, espérant un grand succès ; et la compagnie, après son départ, se rendit dans les appartemens de la Princesse, qui tenait salon ce jour-là.

Édouard, comte de Sebendal, toujours épris des charmes d'Adèle, trouvait son bonheur à paraître près d'elle sous le simple costume qui le déguisait. Adroit à saisir toutes les occasions de se montrer avantageusement, il se distinguait par son empressement à faire tout ce qui pouvait être agréable à la jeune personne. C'était lui qui prenait le soin de garnir de fleurs les vases dont la cheminée de la chambre d'Adèle était parée; on a vu comme il avait embelli le siége dans le jardin. Chaque jour il variait ses attentions, et Adèle avait fini par s'arrêter plus souvent avec lui et lui demander des conseils pour la culture des plantes rares qu'elle chérissait particulièrement.

Sans se rendre compte à elle-même de ce qu'elle éprouvait, elle aimait à se rencontrer avec Édouard, elle trouvait en lui des manières si distinguées, et la comparaison qu'elle pouvait faire de lui aux autres jeunes gens de sa classe le relevait tellement, que, sans s'en douter, elle lui laissait prendre sur elle un empire auquel la candeur de mademoiselle de Meisberg ne lui permit pas de se soustraire, en ne le lui révélant pas.

Ce n'était pas le sentiment qu'elle éprouvait pour Léopold, il était plus impétueux, plus extraordinaire, et sa violence ne lui eût pas laissé la possibilité de le dissimuler long-temps, lorsque, par bonheur pour elle, un incident en l'éclairant sur le trouble de son âme, vint lui apprendre qui était Édouard.

Comme nous l'avons dit, le comte de Sebendal épiait tout ce qui pouvait le rapprocher d'Adèle; à peine donnait-il quelques momens à sa-mère; celle-ci commençait à s'alarmer de ses fréquentes absences; pour en savoir le motif, elle trouva plus simple de séduire le valet de chambre du Comte, que de le lui demander à lui-même. Birmann aimait trop Édouard pour le trahir; mais il savait que madame de Sebendal, s'il refusait de lui rendre compte de la conduite de son fils, chercherait ailleurs un dénonciateur;

il jugea plus naturel de ſeindre de se laisser gagner par elle, bien décidé à ne lui apprendre que ce qu'Édouard voudrait qu'elle sût.

Birmann, dès ce moment, se hâta donc d'annoncer à son maître la surveillance à laquelle on le soumettait. Il apprécia cette preuve d'attachement de son serviteur, et il ajouta une ſorte somme à la récompense que sa mère lui avait donnée. Celle-ci, plus tranquille par les rapports de Birmann, croyait Edouard adonné au plaisir de la chasse, et une pareille rivale ne lui semblait pas dangereuse pour mademoiselle de Worms. Édouard cependant, dans la crainte qu'elle ne multipliât ses espions, paraissait de temps en temps au palais, mais sa dissimulation n'allait pas jusqu'à se montrer empressé auprès de Wilhelmine; là il laissait éclater toute son indifférence, et celle-ci ne pouvait s'y accoutumer. Laissons-le maintenant parler lui-même; il s'exprimait ainsi dans une lettre à son ami :

LETTRE IX.

LE COMTE ÉDOUARD DE SEBENDAL A HUGUES D'OBERSTAT.

Eh bien! Hugues te douterais-tu que ce soit toi qui aies rompu mes rêves de félicité? toi que je dois accuser des revers dont je suis accablé? Et cependant tu n'es pas coupable. Si j'étais plus tranquille ce serait une énigme que je te donnerais à deviner; mais je ne puis le faire, je souffre trop, j'ai besoin d'épancher ma peine dans le sein de l'amitié. Plus je voyais Adèle, plus je m'attachais à cette charmante fille: je sentais que le bonheur de mon existence était réservé à sa possession; et cependant que d'obstacles s'élevaient entre nous deux! J'ignore qui elle peut être, et je connais la splendeur de mon origine : à quels excès ne se portera pas ma mère plutôt que de consentir à ce que je sois heureux avec la femme de mon choix ! Adèle elle-même partagerait-elle ma tendresse? pourrai-je me flatter d'obtenir son cœur?

Voilà les réflexions que je faisais sans cesse, les idées qui me suivaient à toutes les heures de la journée, dans le calme de la retraite, au milieu du tumulte de la cour. Quelquefois je formais le dessein de rompre ma chaîne, et de courir chercher en des voyages des distractions étrangères, et d'appeler l'inconstance au secours de ma liberté: vains projets aussitôt détruits que formés! Dès que l'heure de me rendre chez Adèle arrivait, je revêtais mon simple costume, et le comte Édouard de Sebendal devenait un garçon jardinier.

Cependant je me lassais de mon rôle; nulle occasion ne se présentait pour me montrer dans mon véritable état; je séchais d'impatience, et néanmoins j'étais heureux. Je pus enfin remarquer qu'insensiblement Adèle devenait plus familière avec moi; mes soins, les attentions que j'avais pour elle la touchaient; elle me parlait avec bonté, me cherchait même, et je voyais un penchant insensible la conduire vers ton ami; dans mon délire, je bénissais le ciel qui secondait ainsi les sentimens dont j'étais animé, lorqu'un événement imprévu a donné une nouvelle face à mon existence.

L'autre jour, étant arrivé chez Birmann un peu tard, et pressé de me rendre à mon poste, je me déshabillai précipitamment, et comme je passais ma veste de jardinier, j'aperçus à mes pieds mon portefeuille dans lequel, parmi plusieurs papiers d'affaires, se trouvaient tes deux dernières lettres où tu me parlais de mon déguisement et de mon amour pour Adèle. La prudence eût voulu que j'eusse laissé mon portefeuille avec mon habit comme je le fais toujours; mais le ciel avait décidé de me perdre, et je ne fis pas une chose aussi raisonnable; je relevai le portefeuille, et je le fourrai inconsidérément dans la petite poche de ma veste; il avait peine à y tenir; et puis, en courant, j'arrive à la maison du faubourg.

Mademoiselle Meisberg était dans le jardin ; elle eut envie de manger d'excellentes prunes qui étaient placées trop haut pour qu'elle pût les atteindre, elle me pria de monter sur l'arbre ; je le fis, et après avoir cueilli les plus beaux fruits, j'en descendis, heureux d'avoir pu lui être agréable en quelque chose. Ce fut sans doute en ce moment que je dus perdre mes tablettes : elles glissèrent sur le gazon ; je n'y pris pas garde, et je continuai à m'occuper çà et là. Je sortis même du jardin sans m'en apercevoir, et en changeant de vêtement je n'y songeai en aucune manière.

Le lendemain, à l'heure ordinaire, je revins à mon poste ; Adèle ne parut pas dans le jardin, elle demeura dérobée à mes regards presque toute la matinee ; mais enfin, vers les midi, elle se montra, et je remarquai une vive emotion qui colorait sa charmante figure. Elle se dirigea vers un cabinet de treillage couvert de chévre-feuille et de jasmin, et, selon mon usage, je m'y rendis, tenant en ma main un bouquet que tous les jours j'offrais à cette belle créature. En approchant d'Adèle, son émotion me parut augmenter; sa contenance était embarrassée, son sein s'agitait rapidement : je lui fis mon compliment ordinaire, et quand il fut terminé.

« Monsieur, me dit-elle, en me rendant mes tablettes, voilà ce qu'hier je trouvai dans le jardin : ce portefeuille vous appartient-il, ou bien n'êtes-vous que l'émissaire d'un séducteur infâme? » Confondu, comme tu le penses, de son discours, et de l'aspect du malheureux instrument de ma perte, je me jetai aux genoux d'Adèle : « Non, Mademoiselle, m'écriai-je; non je ne suis pas en ces lieux l'instrument d'une exécrable perfidie : l'amour que je vous porte est pur comme mon âme, et si ce déguisement vous paraît condamnable, du moins il n'a rien de criminel. » — « C'en est assez, me dit-elle, relevez-vous, Monsieur : voudriez-vous être surpris en pareille posture? »

A ces mots, je lui obéis, et mon cœur s'aperçut avec joie que la colère n'animait pas mademoiselle Meisberg : douce et timide créature, elle baissait ses beaux yeux; elle n'osait point me regarder, et toute sa contenance exprimait son pudique étonnement. « Je me dois autant à moi, Mademoiselle, repris-je, qu'à vous que je parais avoir offensée, de vous expliquer mes intentions, de vous instruire de mes plus secrètes pensées. Ne croyez point que l'amour, dont vous êtes l'objet, soit l'enfant d'un caprice, qu'un jour, qu'un regard l'aient fait naître : c'est à Dresde que vous l'avez inspiré; c'est là, que, pour la première fois, j'ai vu vos charmes, et là je jurai de ne jamais renoncer à vous. La sévérité de votre mère infortunée, la retraite, dans laquelle vous viviez, ne me permirent pas de vous faire entrevoir la flamme qui me consumait, et lorsque je me décidai à me faire connaître, vous aviez quitté Dresde, et vous étiez venue dans la résidence où vous ne tardâtes pas à faire la perte irréparable dont mon amour eût voulu vous consoler. Longtemps je vous cherchai, soit à Brême, soit ici ; mes soins, mes courses furent inutiles : je croyais vous avoir perdu sans retour, et mon désespoir égalait ma tendresse. Enfin le Ciel a eu pitié de moi ; je vous revis, lorsque, fille pieuse, vous alliez verser les larmes de la vertu sur la place où dort celle qui vous est chère : à votre vue, mon âme flétrie reprit son courage ; j'espérai le bonheur, puisque je vous avais retrouvée, et poussé par un amour extrême, je m'introduisis dans cette respectable demeure sous un nom et sous un costume supposé. Le reste, vous l'avez appris ; je n'en ai point de regrets, car je n'en rougis pas, et je m'estime heureux encore de pouvoir vous instruire que le comte Édouard de Sebendal passera sa vie à vous aimer, trop heureux s'il pouvait parvenir à vous plaire. »

Ce long discours, prononcé avec chaleur, ne me parut pas irriter Adèle ; sa charmante figure exprimait plus d'embarras et d'émotion que de courroux : elle hésitait à me répondre ; elle semblait vouloir s'éloigner, mais un regard suppliant, que je lui adressai, la retint, et elle me répondit à peu près en ces termes :

« Je vous peindrai difficilement, monsieur le Comte, la surprise dans laquelle me jette ce que je viens d'entendre. Orpheline malheureuse, privée de ma mère, ignorant le secret de ma naissance, et presque voisine de l'indigence, je croirais commettre une grande faute, si je vous laissais quelque espoir : votre attachement pour une infortunée vous arrêterait dans la belle carrière que vous êtes sans doute appelé à parcourir ; j'attirerais sur votre tête les revers qui m'ont accablée. Le hasard, ou plutôt un effet de la bonté céleste, me fit hier rencontrer au pied d'un arbre le portefeuille qui vous appartient ; poussée par une curiosité indiscrète, je n'en respectai pas le secret, et j'ai eu lieu de m'en applaudir : si plus long-temps vous eussiez conservé votre déguisement, vous n'eussiez pas tardé à attirer sur vous les regards de la malignité; on vous eût reconuu, et la perte de ma réputation eût été la conséquence infaillible de cette découverte. Il en a été ordonné autrement; je dois me montrer flattée de l'honneur que vous me faites ; mais plus vous vous oubliez, plus je dois me rappeler ce que vous êtes, la distance qui nous sépare, et ce qui vous en coûterait pour la franchir. Je n'ai pas besoin de vous dire que ce jour doit être le dernier de votre présence en cette maison : je le demande à votre délicatesse, et j'ai la certitude qu'elle ne s'y opposera pas. »

— « Je sais bien, m'écriai-je, impétueusement, que vous avez le droit de me bannir de votre présence ; je ne puis m'y opposer, et je me soumettrai à ce que votre rigueur ordonnera sur ce point; mais ce qui est, Mademoiselle, au-dessus de votre pouvoir est de me faire renoncer à ma tendresse ; vainement formeriez-vous cette prétention. Vous parlez de mon rang ; eh bien! j'en fais l'abandon : pensez-vous que le bonheur ne soit pour moi que dans les chaînes d'une brillante servitude ? Plus j'ai vu les grandeurs de près, plus elles me sont devenues odieuses. Pour penser ainsi, je n'avais pas attendu le moment de vous connaître ; mon opinion était long-temps formée à l'avance, et je méprisais une pompe qui, sans satisfaire l'orgueil, laissait un vide pénible dans mon âme. Vous pouvez, je vous le répète, me chasser de votre présence, mais vous ne saurez point sortir de mon cœur : je suis maître de mes actions, et si vous êtes libre, acceptez une main qui vous est offerte par le plus tendre amour. »

— « Monsieur, je vous ai fait connaître mes intentions ; je ne m'en écarterai pas : un jour, si la fortune nous fait retrouver ensemble, vous me remercierez de ce que vous appelez maintenant ma rigueur. » Elle dit, et la cruelle fait quelques pas pour se retirer. « Arrêtez, m'écriai-je, en la saisissant par sa robe, arrêtez, Mademoiselle, et ne persistez pas à faire mon désespoir par une rigueur que rien ne commande. Voulez-vous être proclamée mon épouse aux yeux de toute l'Allemagne ? je consens à le faire. Voulez-vous, suivant mes premiers désirs que j'allais communiquer à votre mère le jour où vous partîtes de Dresde, voulez-vous, qu'en abandonnant des climats où règne la sotte vanité, nous allions dans une terre plus tolérante goûter la prospérité que nous pouvons rencontrer en nous ? parlez, dites un mot, vous serez obéie sur-le-champ ; mais ne me ravissez pas l'espérance de vous devoir une félicité à venir. Si par malheur un autre a su vous plaire, si votre cœur ne vous appartient plus, faites-le moi également connaître : mes regrets seront éternels ; mais je ne vous fatiguerai pas de mes plaintes importunes. »

— « Je devrais, Monsieur, me taire sur cet article : ce devrait être mon secret ; mais si je vous repousse, ainsi que le devoir me le commande, il ne m'ordonne pas également de vous cacher la vérité. Non, Monsieur, vous n'avez pas de rival à craindre, et jusqu'à ce jour, mon âme avait chéri son indifférence : ne troublez point sa paix et retirez-vous ! » Oh ! cher Hugues, combien j'appréciai cette pudique et adorable réponse ! Avec quel transport je me jetai de nouveau aux genoux d'Adèle, en la suppliant de ne pas persister à me désespérer : je la conjurai de me dire au moins si, avec le temps, je pourrais former quelque espérance ? »

— « Vous m'en demandez trop, me dit-elle ; mais revenez avec le consentement de votre mère, puisque, moins malheureux que moi, vous n'êtes pas orphelin, et alors je pourrai entendre avec plaisir peut-être ce que, sans crime, je ne puis ouïr maintenant. » Elle dit, et d'une course légère, elle m'échappe et va se renfermer dans sa maison.

Je demeurai long-temps immobile à la même place, ivre d'amour, de joie et d'espoir : je n'étais pas indifférent à cette belle amie, je pouvais me flatter de la posséder un jour ; mais, cependant, qu'elle était pénible à remplir la tâche qu'elle m'avait imposée ! et elle avait le droit de le faire. Pouvais-je néanmoins me flatter d'amener la comtesse de Sebendal à reconnaître pour sa bru une simple bourgeoise, dont la naissance peut-être même était illégitime ; car enfin nul ne connaissait les parens d'Adèle : elle-même ne m'en avait point parlé ; elle s'était dite toujours une malheureuse orpheline, et il se pouvait que le ciel eût été trop injuste à son égard : il me vint bien dans la pensée d'aller avec confiance m'ouvrir à son frère, me faire connaître à lui, et, en retour, exiger qu'il me mît au fait de l'histoire de sa famille.

« Ce parti, me disais-je, sera le plus sûr ; mais attendons quelques jours encore, et, après avoir sondé ma mère, je me déciderai sur les démarches ultérieures. » Je vis bien ensuite que je ne devais plus me montrer à Adèle sous mon déguisement, ce rôle étant fini ; aussi, en rentrant chez le jardinier, je le prévins que, pour la dernière fois, je paraissais chez lui. Il m'en demanda la cause ;

je répondis que, ne voyant pas jour à me faire remarquer de la jeune personne, je jugeais inutile de me fatiguer sans succès. Je le récompensai richement de sa complaisance, et m'en revins chez Birmann, auquel j'appris tout ce qui se passait. Il se montra effrayé lorsque je lui eus conté ma résolution de demander à ma mère son consentement à mon mariage avec mademoiselle Meisberg.

« Ah ! Monsieur ! me dit-il, prenez garde à ce que vous allez faire ! Ne savez-vous pas combien madame la Comtesse tient à son rang ? N'a-t-elle pas le projet de vous marier avec mademoiselle Wilhelmine ? Je tremble qu'elle ne vous joue quelque méchant tour, et moi, qui vous parle, elle ne m'épargnera pas. » J'eus toutes les peines du monde à rassurer ce bon garçon, et je rentrai chez moi bien décidé à ne pas remettre plus tard qu'au lendemain la conférence que je voulais avoir avec la Comtesse. Ma prochaine lettre t'instruira de son résultat.

LETTRE X.

LE COMTE ÉDOUARD DE SEBENDAL A HUGUES D'OBERSTAT.

Comme je te l'avais mandé, je m'étais décidé à m'expliquer avec ma mère le jour suivant, mais je ne pus le faire ; elle avait été mandée de bonne heure chez la Princesse, qui, par suite d'une chute de cheval, venait de se blesser dangereusement. Croirais-tu que ce déplorable incident transporta de joie ma mère et ses affidés? Ils y virent un moyen de plus pour parvenir à un certain but, dans lequel on voulait faire jouer à Louise, ma cousine, un rôle odieux, et dont l'innocente créature ne se doute pas.

La Princesse fut, selon ses désirs, transférée à la résidence, et notre Souverain se montra désolé de son malheur. En vérité, il ne manque à ce Prince que de dignes amis pour être le modèle des potentats. La Comtesse calcula d'un coup d'œil que, durant la longue maladie de la Princesse, la cour ne serait pas admise auprès de celle-ci; que, par conséquent, nul ne pourrait lui ouvrir les yeux sur les manœuvres de sa Dame d'honneur, et qu'en toute assurance on pourrait poursuivre la disgrâce de la marquise Albini et la honte de mademoiselle d'Hertal.

Dans la première journée du fâcheux événement, la charge de la Comtesse ne lui permit pas de quitter un seul moment la Princesse, et je maudis doublement cette chute, qui me forçait à retarder un aveu que je regardais comme indispensable. Enfin je pus parvenir à rencontrer ma mère toute seule, et, après avoir placé Birmann en sentinelle pour écarter tout fâcheux qui eût pu m'interrompre, je passai chez la Comtesse, usant de toute mon énergie pour dompter mon émotion.

« Madame, lui dis-je, je viens causer avec vous de la chose la plus importante au bonheur de ma vie, de l'acte le plus solennel de l'homme, celui qui lie sans retour sa destinée à celle de la femme qu'il a choisie pour être sa compagne. » — « Mon fils, me dit ici la Comtesse sans vouloir me laisser continuer, je suis charmée de vous entendre; une conversation sur ce sujet me paraissait indispensable, et puisque vous l'avez provoquée, je vais vous faire connaître mes desseins pour votre établissement. »

Je ne balançai pas à garder d'abord le silence, afin d'apprendre parfaitement ses intentions avant de lui communiquer les miennes; aussi une simple inclination fut ma réponse, et je m'assis sur le fauteuil qu'elle me fit signe de prendre auprès d'elle.

« Comte de Sebendal, me dit-elle avec son emphase accoutumée, je ne vous dirai rien de l'antiquité de votre race, elle vous est connue, et je suis persuadée que vous ne chercherez pas à en diminuer l'éclat: votre fortune vous facilitera les moyens de l'augmenter, et le crédit dont je jouis à la cour achèvera de vous placer dans la plus brillante situation; mais il faut, pour parvenir jusques où vous pouvez monter, vous laisser conduire par ma tendresse éclairée encore un peu de temps, et le plan que j'ai formé, que je conduis avec tant de soin depuis plusieurs années, va se trouver réalisé.

» Avant peu vous en aurez la connaissance, et vous rendrez alors justice à ma tendresse pour vous, et à mon habileté. La chute prochaine de la favorite du Prince régnant sera le signal de notre élévation nouvelle; j'ose vous prédire qu'elle arrivera, et dès lors je conduirai la machine politique. A cette époque, le baron de Worms, votre parent et mon ami, remplacera au ministère cet éternel comte de Waldein, qui semble s'y perpétuer je ne sais trop comment, et que l'on vante par la grande habitude qu'on a de le voir à ce poste. Vous serez nommé grand-maréchal du palais, et le Baron un jour vous fera reconnaître pour son successeur au ministère, dès que que vous aurez pris sous lui le goût et la marche des affaires; mais, pour consolider cette brillante perspective, pour nous assurer une aussi agréable fortune, il convient que l'amour nous seconde; que de sa main, autant que de la mienne, vous receviez une épouse, et j'espère encore, sur ce point, ne pas trouver en vous de résistance. Depuis long-temps vous avez pu voir que Wilhelmine était la femme que je vous destinais; vous avez sans doute rendu hommage à ses charmes, à la vivacité de son esprit; mais vous n'avez pu comme moi apprécier la solidité de son caractère, les ressources de son imagination, et l'adresse avec laquelle elle saura parvenir à ses fins. Je suis parfois en admiration devant elle, et si je l'ai formée aux usages de la cour, je puis m'applaudir des talens d'une si parfaite écolière. J'ai également sondé son cœur; il est pour vous rempli de tendresse, il brûle de vous le prouver, et, si vous savez apprécier l'excellence d'une telle épouse, vous serez heureux comme vous le méritez. Voilà, mon fils, tout ce que je voulais vous dire; je n'ajouterai qu'un mot, c'est que, persuadée à l'avance de votre consentement à cet hymen, j'en ai pressé l'époque, et j'espère que dans ce mois nous le conclurons. »

Ce discours de ma mère fut loin de produire en moi l'effet qu'elle en espérait : ce qui lui paraissait si victorieux en faveur de mademoiselle de Worms, était précisément ce qui m'eloignait le plus de cette jeune personne. Ce n'était pas une intrigante que je voulais pour épouse, et Wilhelmine était-elle autre chose? La perspective de la charge de grand-maréchal flattait peu mon ambition : je ne recherchais pas un honneur qu'il m'eût fallu acheter au prix de toute ma liberté, et plus encore par la perte de ma cousine. J'avais vu clair dans les moyens qui devaient être employés pour effectuer tous ces changemens : aussi, ma réponse à ma mère se ressentit-elle un peu de l'état de mon âme en ce moment.

« Je commencerai, lui dis-je, par vous remercier comme je le dois, Madame, de tous les soins que vous vous donnez pour moi; bien convaincu de la splendeur de mon origine, de l'immensité de ma fortune, je croyais avoir atteint le but, et qu'il ne pouvait plus être dépassé; votre tendresse en ordonne autrement. Je la révère, et je m'y soumettrais si je ne devais pas acheter trop cher le nouveau rang auquel on veut m'élever. Pardonnez-moi, si, vous parlant avec toute franchise, je vais répondre bien différemment à vos désirs qu'ils n'en ont formé la pensée. Le ciel, en me créant, ne mit pas en moi le besoin de me montrer à la suite des princes. Je préfère mon indépendance à ces chaînes pompeuses dont je ne pourrais supporter le poids. D'après ce que je viens de vous dire, ne soyez point surprise si je refuse la place à laquelle vous vouliez porter mon ambition. Ce ne sera pas un motif semblable qui me déterminera à choisir une épouse, et je vous prie de ne plus revenir sur ce point. J'ai, plus que vous ne croyez, étudié le caractère de mademoiselle de Worms, et je suis loin de croire qu'il pût m'offrir le bonheur. Ce sont les qualités qui vous paraissent remarquables en elle, pour lesquelles je me sens de l'aversion. Je ne veux pas que mon épouse, accoutumée aux agitations du monde, aux intrigues de la cour, vienne les apporter dans mon intérieur; et, comme je ne demanderai jamais aucune faveur au Prince, il m'est assez indifférent que ma compagne sache l'art de me les faire obtenir. Je veux vivre dans le calme de la retraite. Quel plaisir pourrait-elle offrir à une jeune personne, dont tous les goûts, les désirs, sont dissemblables des miens? Wilhelmine est charmante, ses grâces doivent soumettre les cœurs, tous peut-être, hors le mien. Je me vois donc forcé de vous refuser, et il me faut vous dire avec regret que jamais je ne m'unirai avec mademoiselle de Worms.»

— «Je vous ai écouté sans vous interrompre, me dit ma mère, dont le regard peignait le courroux, et j'ai voulu par mon silence vous prouver ma tendresse et mon extrême complaisance. Vous flattez-vous cependant, mon fils, que j'abandonnerai un projet conçu depuis de longues années, par considération pour vos romanesques idées? Vous siérait-il de vivre dans la retraite, lorsque tous vos pères ont vécu à la cour? D'où vient en vous cette ridicule philosophie, ce dégoût exagéré des titres et des honneurs auxquels vous appelle votre naissance? Après avoir mieux réfléchi, vous y reviendrez vous-même, et vous ne me donnerez pas le regret d'un refus qui me plongerait dans le désespoir. Je vois que, par la suite de ce système, vous repoussez Wilhelmine; vous lui reprochez ce qui la rend si intéressante, tandis que j'aurais tant de joie de voir en elle ma digne fille, celle sur qui je pourrais me reposer du soin d'ajouter encore à tout ce que j'aurais fait pour vous. Depuis long-temps, cette jeune beauté a été élevée dans la croyance que vous lui donneriez votre main; elle a laissé croître dans son âme un amour que vous auriez dû partager; elle vous prenait avec ardeur pour son époux. J'ai contribué à la nourrir dans cette pensée, je m'en suis expliquée avec son père, il y a donné son consentement; et aujourd'hui, au gré d'un caprice inexcusable, il faudrait détruire un plan si bien conçu? Vous rendriez ennemies deux maisons qui ont besoin l'une de l'autre, pour se maintenir à la hauteur où elles se sont élevées; vous me rendriez coupable aux yeux du Grand-Maréchal. Il pourrait, avec juste raison, m'accuser de légèreté et de peu de conduite; enfin, les plus graves inconvéniens naîtraient, mon fils, de votre résistance à mes désirs. Elle renverserait l'édifice de votre fortune, et l'affaire que je suis en ce moment avec tant de persévérance s'échapperait en fumée. »

— « Je suis au désespoir, ma mère, de vous contrarier en ce fait; mais n'est-ce pas le plus important de ma vie? C'est, selon mes idées, le seul sur lequel il n'est point possible de sacrifier sa volonté à celle de ses proches. Comme le mariage nous enchaîne pour la vie, il n'y a pas moyen de consentir à une condescendance dont il faudrait ensuite pleurer la faiblesse jusqu'au tombeau. Vous-même, devez-vous me presser comme vous le faites? Est-ce pour votre seul bonheur que je marierai? le mien ne doit-il pas compter pour quelque chose? et je vous déclare que rien au monde ne me fera faiblir, et, malgré mes regrets de ne pouvoir vous complaire, je n'en persisterai pas moins à refuser mademoiselle de Worms. D'ailleurs, me permettez-vous de le dire? Je vois un mystère singulier envelopper ce projet d'union : vous me faites entendre que vous travaillez pour mon avancement; vous me parlez de la disgrâce de la Favorite et du premier Ministre, de l'élévation inattendue du baron de Worms et de la mienne, et vous ne vous expliquez pas davantage, et un voile profond couvre un plan que vous me cachez. C'est me livrer à d'étranges conjectures, et, s'il faut vous le dire, me donner le droit d'élever des soupçons sur Wilhelmine; le ciel m'entend, si je voudrais des grandeurs achetées par l'infamie d'un membre de ma famille. Je suis loin pourtant de croire que vous suiviez cet abominable chemin : mon respect, la certitude de vos vertus, en sont les garans naturels; mais faites-moi lire dans cette nuit profonde, que je connaisse les moyens que vous employez, et alors je pourrai convenablement vous répondre.»

—« Je le ferais facilement, répliqua ma mère, si je voulais; mais la chose est-elle maintenant nécessaire? puisque vous ne souhaitez ni votre avancement ni la main de Wilhelmine, ai-je besoin de vous apprendre des secrets qui ne vous intéressent pas. Vous avez en outre des idées si extraordinaires; il est si pénible de s'entendre avec vous sur de certains objets, que je ne juge pas urgent de vous initier dans des mystères dont le résultat vous sera bientôt connu. »

— « Je ne vous en parlerai plus, puisque cela ne peut vous plaire; mais, je vous le répète, ne nous servons que des moyens employés par l'honneur : tout autre avilirait le nom que je porte, et qui serait compromis par de basses intrigues. Mais, madame (continuai-je en changeant de voix et en tremblant, malgré tous mes efforts pour paraître calme), j'aurai sans doute mauvaise grâce de vous demander une faveur, après les nombreux refus que je viens de vous faire essuyer; le moment ne sera pas favorable, n'importe, je ne puis le retarder. Que me direz-vous, lorsque je vous apprendrai qu'en éloignant toute idée d'union entre mademoiselle de Worms et moi, je n'ai pas été seulement conduit par mon éloignement pour sa personne, mais bien encore par une passion qui domine mon cœur. »

— « Arrêtez, Édouard, me dit la Comtesse; ce début me fait frémir; vous aimez, allez-vous me dire : et sur qui peut se porter votre choix? Il ne doit tomber, je me flatte, que sur une personne dont le rang, la naissance.... »

— « Voilà tout justement, madame, ce que je ne sais pas plus que vous, en ce moment; je ne me suis pas informé de l'histoire de la famille de la jeune personne dont je suis épris ; j'ai étudié son caractère, j'ai appris ses vertus, et je n'en ai pas demandé davantage. Je suis assez grand seignenr pour elle et pour moi, et mes richesses surpassent mon envie de les dépenser. »

— « Cette philosophie malheureuse vous a perdu, Édouard, vous recueillez le fruit de vos tristes préventions d'enfance. Je vois à votre discours que vous avez choisi ma bru dans la classe la plus commune de la société, parmi ces femmes avec lesquelles je rougirais de me rencontrer. Je sais tout ce que vous me direz encore, tout le pathos que vous étaleriez à mes yeux. Je me tairai, car vous êtes votre maître. Vous parliez tout à l'heure du déshonneur de votre famille : n'est-ce pas vous qui l'allez consommer. Écoutez, mon fils, si ma douleur, si la tendresse que vous me devez ne sont pas d'assez forts liens pour vous retenir dans le devoir, écoutez-moi attentivement : gardez-vous de révéler au monde jusques où vous entraîne une effroyable passion ; épousez en secret celle qui vous a séduit, et, loin de ce pays, loin de l'Allemagne, allez cacher votre honte et votre faute. Je ne vous dirai pas combien vous me rendrez malheureuse, mais je saurai garder votre secret. Je ne vous donnerai pas mon consentement, vous ne recevrez pas la bénédiction maternelle; mais je ne vous maudirai pas non plus. Je ne me mêlerai en aucune façon de votre folie; vous voulez vous perdre, vous en avez le pouvoir. Je n'ai qu'une seule question à vous faire, je vous l'adresse avec terreur, car je redoute ce que je vais apprendre : nommez-moi cette femme qui se donne un époux en me ravissant mon fils. »

— « Je t'avoue, Hugues, que j'étais loin de m'attendre à ce que la Comtesse reçût aussi tranquillement une confidence pareille; je croyais que son courroux éclaterait avec fureur, et je reconnus dans sa résignation le triomphe de ma volonté fortement exprimée. « Madame, lui répondis-je, mon cœur ne vous en demandait pas autant, il est pénétré de votre indulgence, je ne refuse pas de dérober au public, durant quelque temps, la connaissance de mon mariage, et je veux, dés qu'il sera conclu, amener mon épouse en France ou en Italie; là, nous passerons plusieurs années, et j'attendrai impatiemment l'époque heureuse où vous préfèrerez votre fils à des considérations qui lui sont étrangères. J'ose croire que mademoiselle Meisberg dont l'éducation honnête est une preuve de la dignité du sang, n'est point née aussi bas que vous pouvez le croire, j'en juge par ses qualités, ses vertus si précieuses. Son frère jouit de la confiance du premier Ministre, et vous ne refuserez pas au comte de Waldein le talent de choisir et de bien connaître les hommes; ce fait seul doit relever cette famille dans votre esprit. Adèle, depuis la mort de sa mère habite, avec ce frère qu'elle chérit tendrement, une maison dans la rue de......., faubourg de.......; c'est là, qu'au sein de l'amitié, passant sa vie dans les douces occupations de son sexe; elle se crée une existence que nul chagrin ne vient traverser, et je dois aussi vous apprendre qu'elle ne s'est décidée à m'accorder sa main que lorsque je lui dirai que vous n'y mettez pas des obstacles. »

« Tu dois voir, Hugues, combien en ce moment j'aidais à la vérité; mais je ne me souciais pas de raconter à ma mère l'histoire de mon déguisement, et surtout il m'eût été désagréable de convenir avec elle que ma maîtresse ne me connaissait que depuis peu de jours; la Comtesse, satisfaite des renseignemens que je lui avais donnés détourna la conversation en me parlant de mes affaires d'intérêt avec elle; je ne voulus rien entendre sur ce point, la laissant souveraine maîtresse de les terminer à sa fantaisie; je lui déclarai que je signerais aveuglément tout ce qu'elle arrêterait avec ses agens.

« Je vous reconnais en cela, cruel enfant, me dit-elle, et vous adouciriez mon malheur si vous vouliez retarder de quinze jours votre hymen pour me donner le temps de le supporter avec courage. » — « Qu'il cela ne tienne, madame, lui dis-je, un moïs ne m'arrêtera pas; vous complaire autant qu'il me sera possible, sera toujours le premier de mes désirs. » — « Adieu, il est tard, me dit-elle, je n'ai vu la Princesse qu'un moment ce matin, et je dois lui donner tout le reste de la journée. » Elle se leva à ces mots, et passa dans son cabinet de toilette; je lui demandai où était ma cousine, je ne l'avais pas rencontrée depuis plusieurs jours et j'aimais à me trouver avec elle.

« Louise, me dit ma mère, a peu le temps de quitter Son Altesse; cependant, en ce moment, elle se fait peindre par un amateur très-habile artiste, et je vous engage à passer dans la salle que l'on a transformée en atelier. » Je me la fis indiquer et j'y courus. Wilhelmine vint m'ouvrir la porte, et elle rougit en me voyant. Je me serais bien passé de cette marque de tendresse, elle ne pouvait éclater plus mal à propos; je m'avançai près de ma cousine qui me tendit la main sans se déranger de sa position ; la grandeur de la toile me cachait le peintre ; je passai de son côté, il se retourna vers moi ; nous nous trouvâmes face à face, et je reconnus en lui le frère de mademoiselle Meisberg.

Cette rencontre inatendue et si singulière me jeta dans un complet étonnement ; il dut éclater sur ma figure et frapper M. Léopold, car c'était son nom. Pour lui, me regardant à diverses reprises avec des yeux étincelans, il cherchait sans doute à se convaincre s'il ne se trompait point, et si le comte de Sebendal qu'il voyait, était le même que le garçon du jardinier Barrow. Plus il m'examinait, plus je sentais croître mon embarras, il frappait tout le monde ; Wilhelmine, Louise s'en aperçurent, et celle-ci me demanda si je n'étais pas incommodé. « Non, lui dis-je, ma santé est bonne ; j'admire votre portrait et le talent du peintre. Comme il est naturel. » — « Il est surtout vrai, » dit Léopold, de manière à n'être entendu que de moi.

Je compris le reproche contenu dans ce

peu de mots, et je souhaitais une explication devenue nécessaire entre M. Meisberg et moi, lorsqu'un valet de pied vint demander Léopold, de la part du Ministre, qui l'attendait sur-le-champ à la sortie de l'appartement de la Comtesse; tu ne sais peut-être pas que depuis quelque temps ma mère loge au Palais. Je vis clairement sur le visage de Léopold combien il était contrarié de cet appel intempestif, mais il ne refusa pas son obéissance aux ordres de Waldein, et il partit après avoir lancé sur moi un regard de courroux et un plus doux à Louise qui, de son côté, me prouva par un mouvement involontaire, que Meisberg était pour elle plus qu'un peintre. Je devinais bien d'où provenait la méchante humeur de celui-ci. Il m'avait également reconnu, et dès lors il avait dû voir en moi un perfide séducteur. Dans cette pensée, sa colère était légitime; à sa place j'aurais agi et pense comme lui.

Je me flattais de l'apaiser aisément, ne pouvant pas douter qu'il se refusât à accepter pour son beau-frère le puissant comte de Sebendal. Sa retraite, en même temps, me fit plaisir : il connaissait Louise ; je devais attendre de celle-ci des renseignemens sur ce jeune homme et sa famille ; aussi, dès qu'il fut parti, je questionnai ma cousine sur son sujet. Je pris les chôses d'un peu loin : il n'entrait pas dans mon intention d'apprendre aux deux filles d'honneur les secrets de mon âme, et je ne voulais pas éveiller leur curiosité. Hélas ! qu'elles furent funestes les lumières que j'en obtins ! Je m'arrête un moment : j'ai besoin de prendre du courage pour avoir la force de te raconter mes revers.

LETTRE XI.

LE COMTE ÉDOUARD DE SEBENDAL A HUGUES D'OBERSTAT.

Tu te souviens qu'après la sortie de Léopold, me trouvant avec ma cousine et Wilhelmine, je crus l'instant favorable pour interroger Louise d'une manière détournée. « Voilà, ma cousine, lui dis-je, un habile peintre, et il est agréable de voir d'aussi gracieux traits retracés par un pinceau si savant. » — « Oh! vous ne devez pas être surpris que M. Reich saisisse si parfaitement ma ressemblance; ce n'est pas la première fois qu'il l'a imitée, et depuis notre enfance nous nous connaissons. » — « Je ne vous ai, sans doute, pas bien entendu, Louise, vous avez nommé ce monsieur du nom de Reich, mais ce n'est pas ainsi qu'il s'appelle. »

— « Je ne lui ai jamais connu d'autre nom, hors celui de son baptême qui est

Léopold, et j'étais accoutumée à le lui donner plus souvent. » — « Il y a ici, repris-je un peu alarmé, une méprise; ce monsieur Reich, je le connais sous le nom de Meisberg. » — « Qu'il n'a jamais porté, je vous jure. » — « Quoi! jamais? ni lui, ni sa sœur? » — « Sa sœur, mon cousin! mais, voilà bien la preuve que vous vous méprenez. Fils unique de M. Reich, pasteur du village d'Obernoff, où nous avons passé ensemble de longues années, jamais Léopold n'eut une sœur. »

— « Il en a une pourtant, m'écriai-je, ou dans le cas contraire c'est un infâme imposteur! » A peine eus-je prononcé ces paroles, arrachées par la colère, que je vis pâlir subitement Louise. » Edouard, me dit-elle d'une voix émue, expliquez-moi, à votre tour, ce que vous me dites là? Je connais Léopold; je sais combien son âme est belle, et vous avez tort de lui donner le titre d'infâme imposteur. » — « Je le lui donne, parce qu'il le mérite. Ou il a une sœur dont l'existence ne vous était pas révélée ; ou il vit dans un odieux libertinage avec une malheureuse, à laquelle il prostitue ce titre sacré. » — « Mon Dieu ! Édouard, que vous m'épouvantez. Ah ! de grâce, ne jugez pas mal de Léopold. Si vous connaissiez comme moi la noblesse de son caractère, si vous possédiez sa confiance ..... Vous voyez, poursuivit Louise en rougissant encore davantage, et en s'adressant à Wilhelmine, avec quelle chaleur je défends mes anciens amis. »

— « Je vois du moins, répliqua mademoiselle de Worms, avec un malin sourire, que vous ne voulez pas qu'on pense mal de votre peintre ? »

Pour moi qui acquerrais la certitude de la fausseté d'Adèle, moi qui ne voyais plus en elle qu'une effrontée concubine d'un audacieux rival, je n'eus garde de détourner la conversation ; j'aurais dû, je l'avoue, réfléchir que Wilhelmine était présente, et que j'obligeais mademoiselle d'Hertal à dévoiler ce qui se passait dans son âme ; mais, emporté par ma jalouse fureur, je ne vis, dans l'éclat que j'allais faire, que le moyen d'éclairer Louise, et de l'éloigner d'un séducteur.

« J'apprends avec chagrin, lui dis-je, votre prévention en faveur d'un homme dont la conduite est loin de la mériter ; vous connaissez trop bien ce Léopold, pour que je doute que le nom de Meisberg soit le sien ; il s'en est revêtu afin de dérober son intrigue odieuse, avec une jeune personne qu'il fait passer pour sa sœur ; il la cache à tous les yeux, dans une maison du faubourg de la résidence. C'est là que, par une rencontre assez bizarre, je l'ai vu ; c'est là que j'ai appris par moi-même les choses dont je vous entretiens : heureux encore d'avoir été détrompé à temps. » Tout le temps que je parlai, ma pauvre cousine fut en proie à toutes les angoisses de la douleur, elle rougissait et pâlissait tour à tour ; ses beaux yeux perdant leur éclat se remplirent de larmes ; enfin, elle me dit, d'une voix affaiblie :

« Mon cousin, affirmez-vous ce que vous

venez de m'apprendre? » — « Je vous le jure, m'écriai-je, vous ne pouvez plus en douter; car je n'en doute pas moi-même, et certes je n'ai pas intérêt à vous tromper.» — « C'en est assez, répondit-elle, vous m'avez rendu un grand service, je ne l'oublierai jamais. » — « Et moi, Louise, que je vous dois aussi de la reconnaissance; sans vous quelle faute j'allais commettre : j'aurais crus ce jeune homme vertueux et digne de mon estime; je ne suis pas surpris maintenant qu'il se soit montré troublé quand j'ai paru à sa vue; mais son regard audacieux me confond encore; le traître, je le punirai! »

Wilhelmine, comme tu le penses, n'avait pas perdu un mot de cette scène extraordinaire, et sans doute elle en recueillait soigneusement les détails pour les raconter à ma mère. Ce fut alors que je reconnus combien j'avais eu tort de pousser les choses aussi loin, devant cette apprentie intrigante, tant pour Louise que pour moi; je compris aisément que ma cousine et moi allions être en butte à des persécutions nouvelles; mais il était impossible de revenir sur le passé : toute réflexion alors devenait inutile ; je m'arrachai, à moitié expirant de douleur, de cette salle funeste, et je me retirai dans mon hôtel ; là, m'abandonnant au désespoir le plus extrême, je maudis le jour, je maudis la perfidie d'Adèle, et je jurai une haine immortelle à son sexe, puisqu'on pouvait y rencontrer tant de fausseté et de dissimulation. Quand la raison revenait faire entendre sa voix, je me félicitais d'avoir été averti à temps, et qu'une rencontre avec Léopold, chez ma cousine, m'eût sauvé de la faute que j'allais commetre ; j'en remerciai pareillement la fortune. Cependant Adèle se présentait à mon imagination avec tous ses charmes, et je m'indignai de la faiblesse de mon cœur.

« Non, m'écriai-je avec un dépit mêlé de honte, non, il ne faut pas être assez insensé pour regretter de pareilles chaînes ! mais je ne suis pas encore assez fort pour combattre de près avec avec avantage ; partons sans retard, et trouvons dans la distraction de l'absence le meilleur soulagement à nos peines cruelles. » Je dis, et sur-le-champ j'appelle Birmann ; je lui donne l'ordre de préparer une malle, et sans revoir ma mère, dont je craignais le triomphe insultant, je me mis en route à onze heures du soir. « Où veut aller votre Excellence, me dit Birmann, avant de fermer la porte de la calèche, le postillon attend vos ordres ? » — « Où je veux aller, mon ami ? où je veux aller.. ? C'est vers !... Où tu voudras, lui dis-je, allons loin, courons long-temps ; n'épargne pas les pourboire ; mais surtout ne nous arrêtons pas. »

A cette singulière réponse, Birmann promena sur ma figure la clarté d'une lanterne. « Excellence, me dit-il, vous n'êtes pas bien ; si je renvoyais les chevaux nous ne partirions que demain, et cette nuit passée dans votre lit vous remettrait dans une assiette plus tranquille. » — « Non, non, lui dis-je, je veux m'éloigner, il le faut. Postillon, marche!» m'écriai-je. — «Quelle route? Monseigneur» me demande-t-il? — «Celle de Dresde.» Je dis, et me jette en arrière, comme pour échapper aux regards de Birmann; il soupira en entendant l'ordre impératif que je donnais, et, au lieu d'aller prendre sa place sur le siége du cocher, il entra dans la calèche avec l'intentiou sans doute de veiller sur moi; je le laissai faire, et je continuai à m'emporter et à soupirer. Je ne sais combien de temps je restai dans cette espèce de délire, il était grand jour lorsque j'en sortis.

«J'ai froid,» fut la première parole que je pus dire. «Votre Excellence veut-elle s'arrêter à la poste où nous allons arriver?» — «Non, Birmann, c'est trop près encore, nous n'avons pas fait assez de chemin.» Il soupira de nouveau, mais il ne me répliqua pas. A mesure que mes idées me revenaient, je m'applaudissais de la résolution que j'avais prise. «Oui, me disai-je, il fallait fuir, sans cela mon faible cœur eût peut-être fait quelque lâcheté; mais, grand Dieu!

tant de jeunesse, de beauté et d'innocence peuvent-elles s'unir à une si odieuse trahison. Quoi! cette Adèle que je crus si pure, était une de ces prostituées, la honte de leur sexe et l'objet du mépris public; et je voulais en faire mon épouse, et ce titre allait lui appartenir. » Ici je m'arrêtais, et mes regards peignaient une fureur sans pareille.

Birman, de son côté, témoin de mes soupirs, de mes gémissemens, des paroles entrecoupées qui m'échapaient par intervalle, ne doutait pas que ma raison ne fût troublée; il me gardait pour ainsi dire à vue, et attendait le moment de me faire soigner malgré moi. Vers le soir, nous arrivâmes à une petite ville, où était le relais. Dès que nous nous fûmes arrêtés, Birmann descendit précipitamment de la voiture, entra dans l'écurie, et, quelques minutes après, reparut en pestant contre les postillons qui avaient emmené tous les chevaux; le maître de poste vint me le certifier lui-même. Cela me contrariait;

cependant je pris mon parti, et pour satisfaire Birmann, qui pouvait avoir appétit, je consentis à descendre dans l'auberge pour attendre le retour des chevaux.

Tout occupé de mes tristes idées, je remarquai à peine que tous les gens de la maison, rangés en haie sur mon passage, me regardaient avec une pitoyable curiosité. On me conduisit dans une chambre, située au rez-de-chaussée, où il y avait une cheminée et un lit. On alluma un grand feu, malgré ce que je pus dire pour l'empêcher. On se retira ensuite et le valet de l'auberge me prévint qu'on ne tarderait pas à me servir à souper. Dès qu'il eut dépassé a porte, il la ferma à plusieurs tours. Je l'entendis et me contentai de rire de sa distraction. Une demi-heure après on ouvrit pour apporter le couvert, et Birmann entra accompagné d'un monsieur vêtu de noir, soigneusement frisé, poudré à blanc, ayant son chapeau sous le bras, un beau brillant au doigt et la canne à bec à corbin à la main.

Cela sentait le médecin d'une lieue. Une pareille visite m'étonna ; je me levai cependant pour saluer le personnage qui, s'avançant vers moi et me parlant d'une voix flûtée, s'exprima en ces termes : « Monsieur le comte de Sebendal pardonnera au docteur Isaac s'il se présente devant lui sans avoir été mandé; mais le profond respect et l'attachement qu'il professe pour madame la comtesse de Sebendal ne lui permettent pas de laisser passer le fils de cette illustre dame sans venir lui en demander de gracieuses nouvelles. » — « Monsieur, lui repartis-je, je vous remercie au nom de ma mère de cet empressement dont elle vous sera reconnaissante, et c'est avec plaisir que je vous reçois. »

— « Ah! monsieur le très-honoré Comte, ma visite est commandée par mon devoir, et je m'applaudis de l'heureuse circonstance où je ne croyais donner que l'essor à mes sentimens puisqu'elle me procure également l'avantage de soigner votre santé qui ne me paraît pas des meilleures. » — « Que dites-vous là, monsieur? ma santé est excellente, je me porte à merveille et je n'ai nul besoin de vos soins. » — « Tous les malades, dans votre cas, disent de même, et pourtant il ne s'agit que de les voir pour apprécier leur état véritable; et, si vous vouliez jeter un regard sur cette glace trop heureuse de réfléchir votre noble figure, vous vous rangeriez de mon sentiment. » Tout en riant des expressions du docteur Isaac, je suivis son conseil et demeurai frappé de ma pâleur extrême. Cependant, ne me sentant pas affaibli, je ne convins pas de ma maladie, et je voulus changer de conversation. Je lui demandai si la ville était populeuse et s'il y faisait bien ses affaires. « Il bat la campagne, se dit-il à lui-même. Pauvre jeune homme, il ne se doute pas de ce qu'il éprouve. » En disant ces mots, il s'approcha de moi et me prenant le bras :

« Le pouls élevé, le regard fixe, le visage blême, la respiration oppressée : tout cela existe; et M. le comte de Sebendal, fils de madame la comtesse de Sebendal, dame d'honneur de la glorieuse Princesse régnante, se dit en bonne santé. Quelle erreur, et combien je m'applaudis que son illustrissime Excellence soit à portée de recevoir mes soins. Je vais procéder à son traitement par les grands moyens, il y a urgence. »

Durant ce colloque débité à haute voix, je regardais attentivement le docteur dans l'intention de m'assurer s'il était dans son bon sens, et le traître acquerrait lui la conviction que j'avais fait divorce avec le mien. En conséquence il s'adressa à Birmann et au valet de l'auberge qui venaient de m'apporter mon souper. « Mes amis, leur dit-il, ce n'est pas le temps de permettre à l'aimable bouche de Monseigneur de substanter son estomac; il ne lui faut en ce moment que la diète, de l'eau de poulet, son lit d'abord et puis un bain froid. » A ces paroles la mauvaise humeur que je renfermais en moi éclata, car je ne pus souffrir que le docteur annonçât clairement que ma tête était partie.

« Je trouve bien etrange, monsieur, lui

dis-je, que venant ici sans être appelé, vous preniez vos visions pour des certitudes, et que, de votre pleine autorité, vous me gratifiiez d'un brevet de folie. » — « Eh ! qui la contestera cette autorité, Monseigneur? N'ai-je pas mon diplôme en bonne forme? Ne suis-je pas médecin et reçu conformément à toutes les règles, reconnu pour tel dans toute la ville? je vous le prouverai pour votre bien. Je ne dis pas à Votre Excellence qu'elle est folle, parce qu'on n'en agit pas aussi légèrement avec un grand seigneur de votre sorte; j'affirme seulement que, par l'effet d'une fièvre ardente et cérébrale, vos sens sont exaltés, votre esprit que je respecte est en délire, et que, sans les égards dus à votre qualité, je donnerais les ordres nécessaires pour s'assurer de votre personne. »

— « Morbleu! docteur! m'écriai-je, en faisant un mouvement si brusque qu'il en trembla ainsi que Birmann et le valet; ceci passe la raillerie : je me porte bien, je vous prie d'en être convaincu, et vous engage à partager mon souper si vous n'avez pas mangé encore le vôtre. » — « Je répète à Monseigneur qu'il ne doit pas toucher à ces viandes ; qu'on les desserve, dit-il en se tournant vers les domestiques ; elles seraient pernicieuses à la santé de son Excellence. » Et il prononça ces mots du ton du docteur Pédro Rezio de Malaguerra de Sancho Pança, lorsque ce dernier était gouverneur de l'île de Barataria. Le souvenir de cette histoire se retraça en ce moment à ma mémoire, et la ressemblance m'en parut si forte, que je ne pus m'empêcher d'eclater de rire ; cependant je fis signe à Birmann de ne pas toucher aux plats.

« L'entendez-vous ? s'écria messire Isaac du ton le plus triomphant ; à la morne contenance succèdent les éclats d'une joie frénetique : tristesse profonde, gaieté convulsive ; tous les symptômes sont réunis ; allons, Monseigneur, déshabillez-vous s'il vous reste encore assez de sens et de force pour le faire. » — « Je saurai en trouver assez, m'ecriai-je dans une véritable colère, pour me délivrer de vos importunités. » Je dis, et m'élançant vers lui avec une vivacité telle qu'il dut en conclure doublement que j'étais fou, je le saisis par le bras, le poussai hors de la chambre et en fermai la porte avec le verrou qui était de mon côté. Cette action fut si brusque que les domestiques ne purent y mettre obstacle. Je me tournai ensuite vers Birmann, et lui demandai comment il avait permis à cet original de se présenter devant moi.

Birmann, tout tremblant, me répondit que me voyant malade il avait cru bien faire en appelant un médecin. « Et où prenais-tu, bourreau, lui dis-je, que j'étais indisposé? Quoi! c'est toi qui me procures cette scène désagréable? Allons, qu'on me serve à souper, et vous, dis-je au valet d'auberge, qui, tout épouvanté, se tenait en un coin de la chambre, allez dire que l'on ne tarde pas à préparer les chevaux. » Les ordres que je donnais furent interrompus par un vacarme effroyable : le docteur que j'avais expulsé criait à tue tête dans le corridor, demandant du secours pour se rendre maître de la personne, disait-il, du très-gracieux comte de Sebendal qui était dans une rage délirante; puis se rapprochant de la porte :

« Mes amis! criait-il, ayez bon courage! Toute la ville va être en un moment sur pied: on a trop de considération pour la dame d'honneur de la Princesse, et l'on ne laissera pas son fils dans cet horrible état. » De pareilles clameurs me tracassèrent, et ma bile s'en enflamma davantage. Je grondai Birmann, qui se reculait sans répondre; le valet en faisait de même, et, tout à coup, l'un ouvre la porte avec vitesse, l'autre une fenêtre, et vingt personnes se précipitent dans ma chambre par cette double issue, et le docteur Isaac arrive à la queue du cortége. Ceci, je te l'avoue, commença à m'effrayer; je vis que la résistance deviendrait pernicieuse, car elle persuaderait tout ce monde que je devais être dans les transports d'une fièvre chaude: aussi, surmontant avec peine la rage qui me dévorait, je demandai assez doucement ce qu'on me voulait.

« Votre bien, Excellence, me cria le docteur, l'honneur de vous servir, la satisfaction de vous rendre à vous-même. Ayez la bonté, la complaisance excessive de consentir à ce qu'on s'occupe de votre santé, et si, avec l'urbanité qui de tous les temps a distingué les membres de votre respectable maison, vous voulez vous déshabiller et vous mettre dans le lit, les choses se passeront avec une douceur dont vous serez charmé vous-même. »

J'aurais étranglé de bon cœur ce détestable charlatan, mais j'avais à le redouter: il commandait seul à toute l'assemblée; son titre de médecin le faisait écouter à l'égal d'un oracle, et, s'il l'eût voulu, en un tour de main j'aurais été lié et garrotté de la bonne manière. Je voyais tout cela, et je préférai faire de bon gré ce qu'il me demandait: je passai dans la ruelle et je quittai mes vêtemens l'un après l'autre. Dès que je fus entré dans mon lit: « C'en est assez, mes amis, dit le Docteur, voilà l'accès ralenti; sa violence est moindre: vous pouvez vous retirer, quatre hommes de surveillance suffiront. »

Dans mon dépit, je jugeai toute représentation inutile, et, me tournant à demi, je ne voulus pas même regarder ce misérable homme. Il s'applaudit de ma tranquillité, et, sortant pour un moment, il commanda à Birmann de ne pas me perdre de vue. Lorsqu'il fut parti, j'appelai mon valet de chambre: « Eh bien! scelérat, lui dis-je, te voilà content! C'est toi qui m'as amené, par tes sottes frayeurs, cet enragé de médecin: va! tu me le payeras comme tu le mérites! » — « Ah! Monseigneur, dit-il en se mettant à genoux devant mon lit, vous pardonnerez à mon intention; j'ai cru bien faire, et, tenez, il doit en être quelque chose, car enfin, un docteur qui a son diplôme ne se connaît-il pas en pareille matière? Vous ne vous portez pas bien, je vous jure; un peu de repos vous sera utile. » — « Oui, et en attendant je pourrai mourir de faim, car je me sens un violent appétit. N'as-tu rien à me donner, je te prie? » — « Mais, l'ordonnance du docteur! » — « Ne remplit pas mon estomac; d'ailleurs il t'a dit de me donner de l'eau de poulet: donne-moi le poulet lui-même, cela me fera plus de bien. »

Ce raisonnement convainquit le bon garçon, qui n'avait agi que par zèle pour ma personne; il me servit ce que je lui demandai, et je mangeai avec un appétit extrême, suite, sans doute, de ma violente agitation et de la journée pénible que j'avais passée. Le Docteur arriva comme j'achevais mon repas: il se fâcha beaucoup qu'on m'eût permis de le faire, et moi, toujours boudant contre lui, je ne lui adressai pas la parole, et peu de temps après, la fatigue venant malgré moi fermer mes paupières, je m'endormis profondément.

L'aube matinale brillait dans les cieux lorsque je m'éveillai. Dans le premier moment, et ne me rappelant pas la scène de la veille, je fus surpris à la vue de la petite armée qui remplissait ma chambre. Les quatre hommes commandés par le docteur, maître Isaac lui-même, et Birmann en sixième, tous étaient alors assoupis, et les bouteilles de vin qui garnissaient la table me prouvèrent que nul d'entre eux n'avait gardé l'abstinence qui m'avait été si soigneusement recommandée. Les voyant ainsi endormis, je voulus profiter de la liberté qu'ils me laissaient pour aller me promener dans le jardin ; je me vêtis de mes habits le plus doucement qu'il me fut possible, et, retenant mon haleine, marchant sur la pointe du pied, je sortis de ma chambre, riant en moi-même de l'épouvante que causerait ma disparition, lorsqu'elle serait remarquée.

Le soleil se levait dans tout son éclat ; le calme d'une belle matinée rafraîchit mes esprits, et je songeai moins à la perfidie d'Adèle, mais toujours je m'applaudis de la résolution que j'avais prise de la fuir. Je tins alors conseil avec moi-même pour savoir vers quels lieux je porterais mes pas, et je me décidai à aller passer quelque temps dans cette terre que je possédais en France, dans la province du Languedoc. Là, pensais-je, je vivrai inconnu à tout le monde, et je pourrai reprendre avec le temps ma tranquillité, en perdant le souvenir d'une femme qui ne fut pas digne de la troubler. »

Au moment où j'oubliais ma position actuelle, elle me fut tout à coup rappelée par des cris épouvantables que j'entendis. C'était l'enragé docteur qui, s'étant aperçu de mon absence, assurait que je devais avoir pris la route de la rivière ou de quelque puits. En une minute toute la maison fut en l'air ; on se précipita dans le jardin, Birmann en tête et pleurant à chaudes larmes, car il me croyait perdu. J'eus pitié de sa douleur : je sortis du cabinet de verdure dans lequel je me reposais, et je fus droit à lui. A ma vue, son affliction disparut ; il s'élança vers moi, me demandant du ton de l'intérêt le plus sincère, pourquoi je m'étais levé de si grand matin? Je le lui expliquai, lorsque voilà le docteur, dont le souvenir me fait frémir encore, qui, accourant, s'écrie: « Arrête-le! arrête-le! c'est mon malade! je le réclame! » Son opiniâtreté me courrouça au dernier point. J'aperçus le maître de poste qui venait avec les autres, et, me dirigeant vers lui, je lui témoignai mon étonnement de ce qu'on écoutait un homme dont la cervelle paraissait plus malade que la mienne. J'insistai pour qu'on l'engageât à se retirer et que je pusse demeurer libre. Le maître de poste, surpris du sens qui éclatait dans mon discours, craignit que, par un zèle mal entendu, on eût poussé trop loin les choses: il me demanda pardon et fut prendre à part le docteur, qui continuait à crier après moi. Leur entrevue fut vive, et enfin maître Isaac voulut bien prendre le parti de la retraite, quoiqu'il prétendît que j'étais loin d'être en aussi bonne santé que je me vantais de l'être. Il demanda à Birmann l'honneur de me faire sa revérence; mais j'étais trop en en colère pour le souffrir, et je lui fis dire que je ne me souciais pas de me trouver en sa présence; cependant je le payai grassement, ce qui le consola un peu de sa mésaventure.

Birmann, lorsque je fus seul avec lui, m'avoua que, me croyant atteint d'un transport au cerveau, il avait tout employé pour m'empêcher de poursuivre ma route; que c'était lui qui avait demandé qu'on ne me donnât pas de chevaux, et qui avait été chercher le fatal docteur. Je voulus bien lui pardonner cette incartade, mais je le priai de ne pas une autre fois se presser autant. Je restai en ce lieu quelques heures encore, et j'en profitai pour écrire à ma mère. Je ne lui appris ni le motif ni le but de mon voyage; j'étais assuré que les rapports de Wilhelmine auraient révélé la cause de mon départ. Je me mis ensuite en route, et j'arrivai à Strasbourg. C'est là où je t'écris. Adieu, mon ami; adresse-moi tes lettres à Narbonne, département de l'Aude, en France, poste restante; je les ferai retirer lorsque j'y serai arrivé. Il va se passer du temps avant que nous nous retrouvions ensemble, et j'ai besoin de recevoir des preuves de ton amitié.

FIN DU TROISIÈME VOLUME.

TABLE DES CHAPITRES

CONTENUS

DANS LE TROISIÈME VOLUME.

FIN DE LA TABLE DU TROISIÈME VOLUME.

www.ingramcontent.com/pod-product-compliance
Lightning Source LLC
LaVergne TN
LVHW010548110826
845149LV00003B/596

* 9 7 8 2 0 1 2 1 6 1 9 1 7 *